LE PROJET ANDERSEN

LE PROJET ANDERSEN

Robert Lepage

préface de Lars Seeberg

L'instant même

Maquette de la couverture et mise en pages : Anne-Marie Jacques
Illustration de la couverture : Catherine Higgins
Chargée de projet – édition (Ex Machina) : Ève-Alexandra St-Laurent

Distribution pour le Québec : Diffusion Dimedia
539, boulevard Lebeau
Montréal (Québec) H4N 1S2

Distribution pour la France : Distribution du Nouveau Monde

© Les éditions de L'instant même et Ex Machina 2007

L'instant même
865, avenue Moncton
Québec (Québec) G1S 2Y4
info@instantmeme.com
www.instantmeme.com

Dépôt légal – Bibliothèque et Archives nationales du Québec, 2007

Catalogage avant publication de Bibliothèque et Archives nationales du Québec et Bibliothèque et Archives Canada

Lepage, Robert, 1957-

    Le projet Andersen
    (L'instant scène)
    Pièce de théâtre.
    Publ. en collab. avec : Ex Machina.

    ISBN 978-2-89502-241-1

    I. Ex. Machina (Compagnie théâtrale).   II. Titre.   III. Collection: Instant scène.

PS8573.E62P76 2007   C842'.54   C2007-940919-9
PS9573.E62P76 2007

L'instant même remercie le Conseil des Arts du Canada, le gouvernement du Canada (Programme d'aide au développement de l'industrie de l'édition), le gouvernement du Québec (Programme de crédit d'impôt pour l'édition de livres – Gestion SODEC) et la Société de développement des entreprises culturelles du Québec.

PRÉFACE

Les contes de Hans Christian Andersen, quelques-uns du moins, sont célèbres dans le monde entier. Selon l'Unesco, l'œuvre d'Andersen figure comme l'une des plus traduites. Peut-être parce qu'il est considéré comme un auteur pour enfants.

Malheureusement, bon nombre des éditions et des traductions existantes sont de très mauvaise qualité. Il s'agit là d'adaptations et de simplifications qui ne rendent pas justice à l'écrivain. De la même manière, des films et des dessins animés ont le plus souvent modifié et déformé ses contes les plus connus, au point de les rendre méconnaissables. Le charme immédiat des contes est devenu le pire ennemi de l'œuvre.

Ainsi, au moment où sa patrie prenait l'initiative des célébrations pour le bicentenaire de la naissance d'Andersen, une tâche s'imposait : présenter le poète et son œuvre dans toute leur ampleur. Avec de nouvelles traductions, de nouvelles éditions et de nouvelles biographies. Pour mettre en valeur son langage merveilleux. Et pour faire ressortir les contes qui sont moins connus. Pour que l'homme Andersen soit présenté d'une meilleure façon.

Le travail de fond y était, mais il fallait un élément de plus, c'est-à-dire des interprétations modernes des artistes contemporains de tous genres – nationaux et internationaux.

Une grande partie du travail de la Fondation Hans Christian Andersen 2005 a consisté à convaincre les artistes les plus intéressants du monde entier de s'attaquer aux fameux contes. Cela n'allait pas de soi : en gros, les artistes ne se distinguaient pas du lecteur ordinaire. On les leur avait aussi lus ou racontés pendant l'enfance, et depuis ils ne s'étaient plus préoccupés de l'œuvre. Il fallait les persuader qu'il y avait là un trésor caché qu'il valait la peine d'essayer de découvrir.

Il en a été ainsi également avec Robert Lepage, que je connais depuis plus de quinze ans, et que j'ai eu le grand plaisir de présenter, à plusieurs reprises, au public du théâtre danois, dans le cadre du Festival d'Aarhus dont j'étais le secrétaire général dans les années 90.

Robert Lepage aussi a dû apprendre ses leçons ! Lire tous les contes (cent cinquante-sept), les journaux intimes, y compris les marques secrètes. Lire les nouvelles biographies, qui, heureusement, ont paru à temps pour servir aux artistes.

Nous avons eu de nombreux rendez-vous autour du monde avant de nous donner – au bout de trois ans – la poignée de main décisive dans un hôtel de Stockholm. Il avait trouvé *son* Andersen.

Robert Lepage a obtenu le grand prix H. C. Andersen d'Odense, la ville natale d'Andersen. Un prix qui devait être décerné à une personne qui créerait une nouvelle œuvre inspirée par Andersen et ses contes.

Le projet Andersen est une œuvre typiquement lepagienne. Un jeu vertigineux et dialectique entre le quotidien et le rêve, où une nouvelle matière est adaptée et transformée en quelque chose d'unique, parce que la personne Lepage s'investit entièrement dans une forme d'empathie, presque en s'effaçant. Comme le poète lui-même.

La pièce a connu un très grand succès de par le monde et a ainsi réalisé la tâche de la Fondation, qui était de donner, dans le monde entier, au public qui croyait connaître Andersen et son œuvre, une vue beaucoup plus complexe du poète et de ses contes, qui, à vrai dire, loin d'être exclusivement destinés aux enfants, leur sont parfois interdits !

Je m'estime privilégié d'avoir pu regarder par-dessus l'épaule d'un artiste de la trempe de Robert Lepage pendant ce long processus de création. Je suis très heureux que la mission soit accomplie et qu'elle ne soit pas demeurée à l'état de *projet*.

Lars Seeberg, secrétaire général
Fondation H. C. Andersen 2005
(Traduit du danois par Ole Blichfeldt-Lauridsen)

Le projet Andersen a été créé par l'auteur le 24 février 2005, au théâtre Le Trident (Québec).

Conception et mise en scène :	Robert Lepage
Interprétation :	Robert Lepage ou Yves Jacques
Collaborateurs à l'écriture :	Peder Bjurman, Marie Gignac
Assistance à la mise en scène :	Félix Dagenais
Collaboration à la conception scénographique :	Jean Le Bourdais
Collaboration à la conception des éclairages :	Nicolas Marois
Conception sonore :	Jean-Sébastien Côté
Conception des costumes :	Catherine Higgins
Accessoires :	Marie-France Larivière
Manipulations :	Normand Poirier
Réalisation des images :	Jacques Collin, Véronique Couturier, David Leclerc
Maître perruquier :	Richard Hansen
Agente du metteur en scène :	Lynda Beaulieu
Direction de production :	Louise Roussel
Adjointe à la production :	Marie-Pierre Gagné
Direction de tournée :	Isabelle Lapointe
Direction technique :	Serge Côté
Direction technique (tournée) :	Eric Gautron
Régie générale :	Nathalie Godbout
Régie des éclairages :	Félix Bernier Guimond
Régie son :	Caroline Turcot
Régie vidéo :	Nicolas Dostie

Régie des costumes et accessoires : Isabel Poulin

Chef machiniste : Simon Cloutier

Consultant technique : Tobie Horswill

Participation aux improvisations
et à l'exploration : Normand Poirier

Maquillages : Nathalie Gagné

Coupeuse : Nicole Fortin

Aide aux costumes : Jennifer Tremblay

Couturière : Hélène Ruel

Musique : *Una Furtiva Lagrima* de Gaetano Donizetti, interprétée par Vincenzo La Scola, utilisée avec la permission de Naxos of America

Sonate pour violon et piano numéro 1 en fa majeur d'Edvard Grieg, interprétée par Olivier Charlier et Brigitte Engerer, utilisée avec la permission d'Harmonia Mundi

Sweet Surrender (DJ Tiësto Remix) de Sarah McLachlan, utilisée avec la permission de Tyde Music & Nettwerk Productions

Pas de deux (tirée du ballet *Le Papillon*) de Jacques Offenbach, interprétée par John Georgiadis, utilisée avec la permission de Universal

Construction des décors : Les Conceptions visuelles Jean-Marc Cyr

Réalisation de la charrette
tirée par un cheval : Martin Beausoleil

Réalisation de la reproduction de
Femme piquée par un serpent : Patrick Binette

Stagiaire à l'éclairage (création) :	Jennifer Jimenez (Theatre Ontario's Professional Theatre Training Program)
Voix de l'audioguide :	Martine Ravn
Production :	Ex Machina (http://www.exmachina.qc.ca)
Coproduction :	Bite: 06, Barbican, London

Bonlieu Scène Nationale, Annecy
Festival de Otoño de la Comunidad
   de Madrid
Célestins, Théâtre de Lyon
Change Performing Arts, Milan
La Comète (scène nationale de
   Châlons-en-Champagne)
La Coursive, La Rochelle
Le Festival d'automne à Paris
Le Grand Théâtre de Québec
Le Théâtre du Nouveau Monde, Montréal
Le Théâtre du Trident, Québec
Le Théâtre français du Centre national
   des Arts d'Ottawa
Le Théâtre national de Bordeaux en
   Aquitaine
Le Théâtre national de Toulouse
   Midi-Pyrénées
Maison des Arts, Créteil
MC2 : Maison de la culture de Grenoble
Pilar de Yzaguirre – Ysarca Art
   Promotions, Madrid
Setagaya Public Theatre, Tokyo
Spielzeiteuropa I Berliner Festspiele
The Hans Christian Andersen 2005
   Foundation
The Sydney Festival

Producteur délégué, Europe, Japon :	Richard Castelli
Adjointes au producteur délégué, Europe, Japon :	Sarah Ford, Florence Berthaud

11

Producteur délégué, Royaume-Uni :	Michael Morris
Producteur délégué, Amériques, Asie (sauf Japon), Océanie, NZ :	Menno Plukker
Producteur pour Ex Machina :	Michel Bernatchez
Remerciements :	Le-Maillon, Théâtre de Strasbourg, Odense City Museums

Ex Machina est subventionnée par le Conseil des Arts du Canada, le ministère des Affaires étrangères et du Commerce international du Canada, le Conseil des Arts et des Lettres du Québec, le ministère de la Culture et des Communications du Québec et la Ville de Québec.

Texte établi pour l'édition par Félix Dagenais, Marie Gignac et Ève-Alexandra St-Laurent.

Les lecteurs sont invités à considérer le texte comme les spectateurs voyaient le spectacle, notamment en ce qui a trait à l'entrée des personnages, tous interprétés par un comédien unique. Aussi leur apparition sur scène précède-t-elle leur identification. L'interlignage accru au sein d'une même réplique indique une brève pause. Par ailleurs, toutes les scènes sont identifiées par un titre ; quelques-unes d'entre elles sont suivies du sous-titre qui était projeté sur le cadre de scène.

Un cadre de scène de dimension « cinémascope » qui dissimule des rails installés au sol, servant aux mouvements d'entrée et de sortie de certains meubles et accessoires. Derrière, un dispositif sur roues supportant un écran de latex qui peut être tendu de façon à devenir concave, formant un espace qui peut contenir des objets et où l'acteur peut prendre place. Un rideau noir qui peut être levé ou abaissé.

L'image d'un grand rideau de scène rouge et or est projetée sur l'écran. On entend les différents instrumentistes d'un orchestre qui font des gammes. Le hautbois et le premier violon donnent le « la » et les instruments s'accordent. L'image du rideau se fond dans celle de la grande salle vide du Palais Garnier, vue de la scène.

Prologue

Un homme d'âge moyen, aux cheveux blancs mi-longs, vêtu d'une chemise blanche, d'un jeans et d'un veston de cuir noirs, entre à l'avant-scène et se place au centre, dos au public. Un gros plan de son visage est projeté en direct sur l'écran, se superposant à l'image de la salle.

Monsieur le Président de la République, Monsieur le Maire de Paris, Monsieur le Ministre de la Culture, distingués invités,

Mon nom est Frédéric Lapointe et, grâce à la générosité du Conseil des Arts du Canada, du Conseil des Arts et des Lettres du Québec, ainsi que du Bureau d'échanges franco-canadien, j'ai eu le privilège, ces dernières semaines, de travailler comme auteur en résidence, ici, au très prestigieux Opéra national de France. Mais malheureusement, aujourd'hui, c'est à moi que revient la lourde tâche de vous annoncer que la première de *La Bohème,* qui devait avoir lieu ce soir, a été annulée en raison de circonstances hors de notre contrôle.

Voyez-vous, à la suite de l'arrestation ce matin du jeune Rachid Youssef El Walassi, le syndicat des éboueurs de la Ville de Paris a décidé, par solidarité, de décréter la grève et, par solidarité avec eux, tous les concierges ainsi que tous les autres corps de métier du Palais Garnier ont choisi d'en faire autant. Que voulez-vous, nous sommes en France… Et la France, c'est la France…

Normalement, nous procéderions au remboursement des billets, mais comme je suis convaincu qu'il n'y a personne ici ce soir qui a payé sa place, je vous demande de bien vouloir quitter la salle et d'aller vous divertir ailleurs. Pour ceux d'entre vous qui n'auraient vraiment rien de mieux à faire, je vous propose, en lieu et place de *La Bohème,* de vous raconter un conte moderne qui s'intitule *Le projet Andersen* et qui met en scène un albinos québécois, un administrateur d'opéra français et un jeune immigrant d'origine marocaine.

L'écran vire au blanc. Sur une musique de rap, l'acteur avance vers le cadre de scène et l'enjambe. Il enfile un manteau dont il rabat le capuchon sur son visage et remonte la fermeture éclair. Il saisit deux bombes aérosol de peinture, grimpe dans l'écran et y fait apparaître, en le vaporisant, un portrait de Hans Christian Andersen de couleur sépia, auquel il ajoute des cornes, une bouche, un cœur et un sexe turgescent, tous de couleur rouge, ainsi que des lunettes noires. Le générique du spectacle défile en même temps sur l'écran. Il saute en bas du dispositif, signe son graffiti et sort.

Peep-show (1)
(Sous-titre : 96, rue Saint-Denis, Paris 2ᵉ)

Une enfilade de neuf cabines de peep-show, *aux portes garnies de petits globes lumineux de couleur rouge numérotés de 1 à 9. Le graffiteur entre avec une vadrouille et un seau. Il nettoie le plancher puis l'intérieur de la cabine numéro 9 et sort.*
Frédéric entre, portant un grand sac à dos. Il s'adresse à la coulisse.

Excusez-moi… Est-ce que c'est vous, Rachid ?

Bonjour, je m'appelle Frédéric. Je suis un copain de Didier…

Non, Didier… Didier Ravot, celui qui habite la mansarde au dernier étage.

Oui, je sais qu'il est au Canada présentement, c'est la raison pour laquelle je suis ici, on a fait un échange d'appartements, et il m'a dit qu'il me laisserait la clé au comptoir dans une enveloppe, avec une petite note…

Ça vous dit absolument rien ? Est-ce qu'il y a quelqu'un d'autre dans l'établissement à qui il aurait pu confier ça ?

Et il arrive à quelle heure, votre gérant ?

Non, je peux pas vraiment l'attendre jusqu'à midi, voyez-vous, parce que j'ai un rendez-vous très important à dix heures, ce matin, au Palais Garnier. J'espérais pouvoir au moins déposer mes choses, prendre une douche, changer de vêtements… Je viens de me taper un vol de huit heures, alors je me sens un peu défraîchi…

Oui, mais est-ce que vous pouvez me dépanner ? Est-ce que je pourrais utiliser une de vos cabines pour me changer ?

Non, j'ai pas besoin de jetons… C'est pas pour regarder de la porno, c'est pour changer de vêtements…

Oui, mais il y a personne dans l'établissement.

Bon. Alors combien de jetons il me faudrait pour, disons, dix minutes ?

Il sort un billet de vingt euros de sa poche.

Je suis désolé, j'ai que des grosses coupures. Je vous l'ai dit, je viens de descendre de l'avion !

Oui, mais vous pouvez pas me faire crédit ? Je vais être votre voisin du haut pour les deux prochains mois.

Bon ! Donnez-m'en pour vingt euros et je m'organiserai pour me faire rembourser par l'Opéra de Paris. Je sais pas comment je vais faire pour justifier ça, mais bon…

De la coulisse, on lui remet des jetons métalliques.

C'est ça qu'on obtient de jetons pour vingt euros… Mon Dieu, à Paris, ça revient cher la branlette !

Il ouvre la porte de la cabine numéro 6. À l'intérieur, un fauteuil de plastique orange placé latéralement.

Vous en avez une qui a été nettoyée ?

Peep-show *(1)*

Il referme la porte de la cabine numéro 6 et ouvre la porte de la cabine numéro 9.

> Excusez-moi. La lumière s'éteint quand on ferme la porte. Il faut mettre des jetons, c'est ça ? Merci !

Il entre dans la cabine et referme la porte. La lumière rouge s'allume. On entend la bande sonore d'un film porno. Le rideau noir s'abaisse devant les cabines.

Café de la Paix (1)

Projection d'une image de la façade du Palais Garnier. Une table et une chaise de bistro. Ambiance sonore de café-terrasse. Un homme aux cheveux blancs, portant des lunettes et habillé avec élégance entre et se dirige énergiquement vers la table.

Ah ! Frédéric Lapointe ?

Tout en parlant, il retire son manteau, dépose sa mallette par terre et s'assoit à la table, face au public.

Arnaud de la Guimbretière. Je ne vous donne pas la main, ma petite fille a attrapé la varicelle et son médecin m'a bien prévenu que la maladie pouvait se transmettre par les mains, donc, je vais vous éviter cette calamité.

Écoutez, je suis vraiment très heureux de pouvoir faire enfin votre connaissance parce qu'on m'a évidemment beaucoup parlé de vous, on m'a fait lire votre curriculum vitæ, on m'a fait entendre des chansons dont vous avez écrit les paroles, et j'ai été très impressionné. Mais surtout, on m'informe qu'en ce moment, au Québec, c'est vous… Alors, nous sommes très heureux à l'Opéra national de France de pouvoir collaborer de nouveau avec l'Opéra de Montréal à ce très beau projet et, surtout, de faire profiter de notre programme d'auteur en résidence un cousin canadien et, qui plus est, un Canadien de prestige.

Bon, écoutez, je n'ai malheureusement pas beaucoup de temps ce matin pour bavarder avec vous, puisque je dois me rendre dans quelques minutes à une réunion plutôt fastidieuse avec le nouveau directeur du programme des écoles, donc je vous explique assez brièvement ce dont il s'agit.

Chaque année, l'Opéra national de France dispose de sommes supplémentaires qui lui sont octroyées par le Parlement européen pour l'encourager à coproduire avec d'autres pays membres de l'Espace économique européen. Nous avons un partenaire naturel qui est le English National Opera, qui a l'avantage d'avoir un programme jeunesse à peu près similaire au nôtre et, cette année, nous étions très enthousiastes à l'idée de pouvoir également collaborer avec nos amis les Irlandais à un projet Beckett. Mais voilà qu'on nous a un petit peu tiré l'oreille, on nous a fait la morale, on nous a dit que, ces dernières années, on avait négligé les Scandinaves et que, cette fois-ci, il fallait tenter de s'intéresser au Danemark. Bon, il faut comprendre que, derrière tous ces grands projets de collaboration internationale, il y a toujours quelque volonté politique. Il est très clair que le Parlement européen tente désespérément de ramener les Danois dans la mêlée : on sait que depuis Maastricht, il n'y a pas vraiment eu de grand geste culturel réconciliateur ni de la part de la France ni de la part de l'Angleterre, donc nous nous sommes dit que, cette fois-ci, il fallait peut-être oublier Beckett et profiter de l'occasion pour rêver à un projet Andersen.

Le problème avec Andersen, c'est qu'il a écrit des centaines et des centaines de contes, donc nous avons dû tout lire… Et nous avons arrêté notre choix sur *La Dryade,* qui est un fort joli conte, pas très connu, j'en conviens, mais qui a l'avantage de se dérouler ici, à Paris, donc une très belle excuse face aux coproducteurs anglais pour travailler en français.

Ça raconte, si on veut, l'histoire d'une jeune dryade – je vous explique ce qu'est une dryade : c'est un peu comme une jeune nymphe, qui incarne l'âme ou l'esprit d'un arbre. Cette petite dryade vit prisonnière d'un marronnier dont, chaque nuit, dans sa France profonde, elle rêve de s'échapper pour aller visiter l'Exposition universelle de Paris. Mais attention ! nous ne parlons pas de celle qui a eu lieu en 1900, ni de celle de 1889 avec la tour Eiffel, mais bien de celle de 1867, qui correspond à une très belle période à Paris puisqu'elle marque justement la fin du romantisme et le début du modernisme avec toutes ses grandes machines. C'est le début de l'hydraulique, le premier ascenseur, la naissance de l'électricité, la photographie qui est en plein essor, et Andersen, qui a visité cette exposition à deux reprises, y a vu, si l'on veut, le début d'une nouvelle ère, l'ère grandiose et pacifique du conte de fées. Bon, c'est un peu naïf, quand on pense que trois ans plus tard, la France, la Prusse et le Danemark se tapaient encore sur la gueule… Mais disons que c'est quand même considéré comme une œuvre mature, un peu particulière, singulière, qui devrait nous donner un spectacle d'environ cinquante minutes, pour une voix seulement, la voix de la dryade, parce qu'évidemment, puisqu'il s'agit ici d'un spectacle pour enfants, nous n'allons tout de même pas nous embarrasser d'un chœur, n'est-ce pas ? Pour une fois que nous avons une bonne excuse pour ne pas travailler avec ces emmerdeurs. Ah non, je vous le jure, ils ne sont jamais dans le coup, ils ne s'enthousiasment jamais pour de nouvelles idées, ils trouvent toujours des raisons pour râler. Encore ce matin, ils ne se sont pas présentés à la répétition de *La Bohème* sous prétexte qu'on avait grondé un peu trop sévèrement, j'en conviens, une jeune chapelière de l'atelier de costumes… Par solidarité, ils ont décidé de faire une grève de vingt-quatre heures… On a demandé à ce pauvre maître de chœur de les ramener à la raison, mais bon, c'est un Américain, donc, ces jours-ci, il se fait un peu discret, il ne veut pas trop rosser les Français… Il les materne, il les bichonne, il les gave de paroles, il va même jusqu'à découper de petites partitions musicales qu'il épingle dans le dos des choristes du devant pour que les choristes de derrière n'aient pas à apprendre leur partition ! Moi, je vous le dis, s'il n'y a pas bientôt un changement d'attitude ou, à tout le moins, un changement dans le code d'éthique des artistes du chœur de l'Opéra national, eh bien, l'avenir de l'art lyrique en France, eh bien, ça craint, ça craint !

Évidemment, qui dit coproduction internationale dit nécessairement répartition des rôles créatifs. Donc l'Angleterre, pour sa part, compte mettre à notre disposition un jeune compositeur, pas très connu ici sur le continent, mais là-bas on nous dit qu'il est un peu le « jeune fauve » de la musique contemporaine. Il a fait un scandale terrible l'année dernière à Covent Garden avec sa partition tout à fait hallucinée du *Alice au Pays des Merveilles,* il a littéralement fait hurler les Anglais, et, habituellement, ce qui fait hurler les Anglais, eh bien, ça fait jubiler les Français, donc c'est de bon augure. Les Danois, pour leur part, font un peu les pingres. On sait tous qu'ils ont beaucoup d'argent, mais il faut toujours les traiter comme les parents pauvres de l'Europe… Ils vont tout de même mettre à notre disposition une jeune soprano dramatique. Bon, je l'ai rencontrée, elle est très bien, c'est une jeune femme tout à fait délicieuse, un peu baraquée pour le rôle, mais bon… Elle a de très belles couleurs dans le haut du registre, mais ce sont les notes du bas qui claironnent un peu, que voulez-vous, coproduction oblige, nous allons faire avec. Et cette année, c'est la France qui choisit le metteur en scène. Alors, je ne sais pas si son travail vous est familier, mais j'ai pensé à Valentina Malakoff. Elle a été ignorée de la critique ces vingt dernières années, et voilà tout à coup qu'elle jette tout le monde par terre avec sa mise en scène sanguinolente du *Titus Andronicus* de William Shakespeare au Théâtre de la Ville. Elle est vraiment devenue l'enfant chérie du Festival d'automne. Évidemment, c'est une approche assez féministe, mais je vous rassure, ce n'est pas du tout le féminisme pur et dur des années 60. C'est un féminisme plus édulcoré, avec un peu de place pour la discussion. C'est la gauche, mais la gauche caviar. Je ne sais pas si vous l'avez déjà rencontrée ? Malheureusement, c'est une dame qui n'est pas très jolie, elle a ce physique un peu ingrat, il faut le dire… Il est clair qu'elle est frustrée sexuellement, et je me disais qu'elle saurait sûrement s'identifier à cette pauvre dryade, prisonnière de cette terrible enveloppe et qui veut s'en libérer pour aller à Paris goûter aux plaisirs sensuels du monde des hommes.

Évidemment, je ne l'ai pas encore approchée puisque je n'avais pas de livret à lui faire lire. Alors, c'est là que vous entrez en scène puisque nous vous en confions l'écriture. Je ne vous cacherai pas qu'il a quand même fallu faire quelques contorsions devant les gens du Parlement européen pour justifier qu'un Canadien se mêle d'adapter un conte scandinave. Mais bon, vous allez voir, mon assistante a très bien ficelé la chose, elle a dit que seuls les Canadiens pouvaient comprendre ce bel esprit nordique ; qu'il y a, chez vous, cette belle lumière, ce beau silence, et surtout cette belle langue râpeuse qu'est le québécois, qui rappelle un peu les accents primitifs et bâtards du dialecte danois qu'utilisait Andersen pour rédiger ses contes, donc vous pouvez vous sentir tout à fait à l'aise et tout à fait le bienvenu dans cette aventure.

Évidemment, il faudra assez rapidement convenir d'une échéance. Il faudra également parler d'une chose peut-être un petit peu plus délicate. Je ne sais pas si vous avez remarqué, on a refait à grands frais, et avec beaucoup de succès, les colonnades, les dorures et les corniches du Palais Garnier, mais encore une fois, ce n'est que du « façadisme » parce qu'à l'intérieur, ce sont encore des cages à lapins. Il n'y a plus vraiment d'espace pour un autre auteur en résidence, alors je me demandais s'il était possible pour vous de travailler chez vous. De toute façon, on m'indique que vous êtes un néoromantique, que vous n'aimez pas les technologies, que vous préférez tout écrire à la main, donc vous n'avez pas vraiment besoin d'un poste de travail avec ordinateur. Par contre, vous n'avez pas le téléphone là où vous habitez, ça, c'est un petit peu plus ennuyeux parce que nous souhaitons pouvoir vous joindre facilement ; donc, nous allons vous remettre un portable. Nous apprécierions que vous ne vous en serviez pas pour vos appels au Canada… Pour ça, je vous conseille fortement de vous acheter une petite carte à puces que vous utiliserez dans un P. T. T. ou en cabine, ce sera beaucoup plus économique et plus simple comme ça.

Je crois que j'ai à peu près tout dit. Évidemment, en cas de besoin, vous savez où me trouver. Mon assistante va vous donner tous mes contacts, je vous prie de ne pas m'appeler à la maison parce que j'essaie d'épargner à ma famille mes emmerdements professionnels.

Il se lève et met son manteau.

Je dois maintenant vous quitter pour me rendre à cette réunion plutôt inutile, si vous voulez mon avis… Je dois surtout tenter de retrouver où j'ai garé ma voiture, parce que vous savez, à Paris, depuis qu'ils ont mis toute « la ville sens dessus dessous pour mettre les voitures du dessus dessous », eh bien, on ne trouve plus sa bagnole et, ces jours-ci, avec toutes ces manifs et les casseurs des banlieues qui s'en mêlent, on ne sait pas dans quel état on va la trouver ! Allez ! Bienvenue à Paris !

Il prend sa mallette et sort.

La Dryade (1re partie)

Le rideau est levé. Dans l'écran, un marronnier miniature ; projection d'images vidéo d'un ciel bleu traversé par de petits nuages blancs et des ribambelles d'oiseaux. On entend la voix de Frédéric.

La dryade qui habitait le jeune marronnier était heureuse de vivre. Elle aimait le soleil et le chant des oiseaux, mais ce qu'elle aimait par-dessus tout, c'était la voix des hommes. Elle comprenait leur langage aussi bien que celui des animaux. Elle était si contente d'habiter la France, le pays universel du génie et de la liberté ! C'était un monde de vignobles, de forêts et de grandes villes et, parmi celles-ci, Paris était la plus splendide. Les oiseaux pouvaient l'atteindre, mais elle, jamais.

Le ciel passe à la nuit, avec une lumière dorée à l'horizon.

La dryade regardait du côté où, chaque soir et chaque nuit, loin à l'horizon, Paris brillait comme une brume radieuse. En partaient locomotive sur locomotive, train sur train, l'un après l'autre, fourmillant de gens de toutes les parties du monde qui en descendaient, qui y montaient. Une nouvelle merveille les avait appelés dans la ville des villes, un tournesol géant poussé sur les sables du Champ-de-Mars, dans les pétales duquel on pouvait apprendre la géographie, la statistique, la technique : l'Exposition universelle de Paris.

Retour à l'image initiale.

La dryade savait tout ce que l'on disait de cette nouvelle merveille du monde. Elle priait les oiseaux de voler jusqu'à Paris, et de revenir tout lui raconter.

P. T. T. (1)
(Sous-titre : Poste, télégraphe, téléphone, rue Rambuteau)

Une rangée de neuf cabines téléphoniques. Frédéric se trouve dans celle du milieu, en train de composer un numéro.

Oui, allo, Marie ? C'est Frédéric…

Est-ce que je te réveille ?

Il est quelle heure à Montréal ?

Préfères-tu que je te rappelle plus tard ?

Non, il y a pas d'urgence, je t'appelle simplement pour te dire bonjour et pour prendre de tes nouvelles… Ça fait quand même deux mois qu'on s'est pas parlé, je commençais à être un petit peu inquiet.

Ben, Marie, comme c'est toi qui es partie, je m'attendais à ce que ce soit toi qui rompes le silence…

Je suis à Paris.

Non, c'est pas pour des vacances, c'est pour le travail.

Oui, j'ai décroché un contrat de librettiste à l'Opéra de Paris. Ils m'ont demandé d'adapter un conte d'Andersen. C'est un opéra pour enfants.

Oui, oui, c'est correct, mais… C'est un peu pour ça que je t'appelle ; j'avais besoin de parler à quelqu'un, je suis un peu découragé.

Ben, je me sens à côté de mes souliers. C'est pas mon milieu, l'opéra : on me parle et je comprends rien, on me nomme des noms que je connais pas… J'ai vraiment l'impression d'être un imposteur et qu'à un moment donné, ils vont s'en rendre compte et me renvoyer à Montréal, couvert de ridicule.

En plus, ils ont changé les conditions de travail : on me demande de travailler à la maison.

Non, justement, je suis pas à l'hôtel, j'habite chez un copain avec qui je fais un échange d'appartement. Il fait une cure de désintoxication, et son médecin lui a fortement conseillé de s'éloigner le plus possible de son milieu pour s'arracher à ses habitudes. Donc, lui est à Montréal et moi je suis ici. Le problème, c'est que j'avais compris qu'il habitait au-dessus d'un *pet shop,* mais c'est un *peep-show,* alors c'est pas tout à fait la même chose.

Le jour, c'est pas si mal, mais le soir, c'est difficile de se concentrer.

J'entends pas tout, mais disons que j'entends l'essentiel…

Ben oui, je vis seul. Pensais-tu que j'avais eu le temps, en deux mois, de me faire une nouvelle copine ? J'ai même pas eu le temps de penser à ça, voyons.

En fait, c'est pas tout à fait vrai, je vis pas seul ; je garde son chien. Ça faisait partie de l'entente.

Non, non, c'est une petite chienne. Elle s'appelle Fanny.

Oui, elle est mignonne comme tout, mais elle est un peu agressive, il va falloir qu'on s'apprivoise. Et toi, comment ça se passe à Montréal ?

Est-ce que t'as trouvé du travail ?

Pourquoi t'appelles pas Jean-Claude ? Il travaille présentement sur une comédie musicale, il pourrait peut-être convaincre le metteur en scène de te voir en audition.

Oui, mais, Marie, si tu donnes signe de vie à personne à Montréal, comment tu penses pouvoir trouver du travail ?

Comment comptes-tu payer cet appartement-là toute seule ?

Je t'appelle pas pour te faire la morale...

Ben là, tu me donnes pas de nouvelles pendant deux mois, c'est normal que je m'inquiète un peu, non ?

Tu me permets tout de même de t'appeler de temps en temps ?

On peut rester amis quand même !

De toute évidence, je suis tombé sur un mauvais jour...

Je t'appelle pas pour t'espionner, c'est quoi, ça ?

Écoute, tout ce que je te demande, c'est de me donner des nouvelles de temps en temps, alors, si tu veux pas qu'on s'appelle, envoie-moi des courriels. Et si t'as besoin d'argent, il faut me le dire.

Bon, si tu le prends comme ça, on se reparlera quand tu seras « parlable ».

Il raccroche et sort de la cabine. Un temps. Il a l'air ennuyé. Il sort. Le rideau s'abaisse.

Promenade (1)
(Sous-titre : Jardin des Tuileries)

Trois troncs d'arbres aux diamètres différents. L'image d'une énorme pleine lune est projetée sur le rideau. Ambiance sonore d'un parc, la nuit.
Frédéric entre, une laisse rétractable de couleur rouge dans une main et un petit sac en plastique dans l'autre. Au bout de la laisse s'agite la médaille d'un chien « invisible » qui court de tous côtés.

Fanny, va pas trop loin… Viens ici.

Il s'arrête à côté du plus gros arbre. Il sort de son sac une feuille de papier, trois petits pots de pilules et une tranche de pain qu'il dépose sur le cadre de scène. Tout en consultant la note, il sort une pilule de chacun des pots et les dépose sur la tranche de pain qu'il roule en boule.

Fanny, viens ici. Assis. Assis.

Il détache la chienne et lance la boule de pain.

Va chercher…

La chienne court vers la coulisse. Frédéric range la note, le sac et les pots de pilules dans ses poches. Il va vers le plus gros des arbres, touche l'écorce et pose une oreille sur le tronc. Puis il cherche Fanny du regard.

Fanny ! Fanny ! Ah merde ! Fanny !

La chienne revient.

Viens ici. Ici.

Frédéric attache la chienne et va vers le gros arbre.

Attends, va pas trop loin, c'est à mon tour de faire pipi.

Il se prépare à uriner. Apparaît la laisse d'un second chien « invisible » qui se précipite sur Fanny.

Fanny, calme-toi donc un petit peu, tu me fais faire pipi sur mes souliers.

Frédéric se retourne vers Fanny et aperçoit le chien en train de la monter.

Hey ! Hey ! Arrêtez ça ! Arrêtez ça !

Il essaie de les séparer. Il s'adresse à la coulisse.

Madame, tirez sur votre chien, s'il vous plaît. Pouvez-vous tirer sur votre chien ? Parlez-vous français ? The dog! Pull the dog!

Il repousse le chien.

Va-t'en ! Va-t'en, maudit chien laid !

Le chien s'enfuit. Fanny tente de le suivre.

Ici, toi ! Ici ! Reste ! Bon, regarde-moi…

Il examine la chienne et s'aperçoit qu'il est intervenu trop tard. Il sort.

La Dryade (2ᵉ partie)

Voix de Frédéric.

À l'aube, alors que la lune pâlissait et que les nuages rougissaient, l'heure de l'accomplissement sonna. Des gens arrivèrent avec des pelles et des barres de fer. Ils creusèrent autour des racines de l'arbre, profondément, jusque tout en dessous.

Un des arbres tombe par terre dans un grand fracas.

L'arbre, avec ses racines, fut soulevé. Puis on le posa et l'attacha solidement sur une charrette tirée par des chevaux.

L'arbre est tiré dans la coulisse.

Il allait voyager, partir pour Paris et pousser là, dans la grande cité française, la ville des villes.

Les autres arbres disparaissent aussi dans la coulisse. Des images brouillées d'un film porno sadomasochiste sont projetées sur le rideau.

Peep-show (2)

Le rideau est levé sur les neuf cabines du peep-show *dont les lumières rouges sont toutes allumées sauf celle de la cabine numéro 6. Bandes sonores de films pornos. Arnaud entre et s'adresse à la coulisse devant lui.*

Je vous demande pardon… C'est bien ici le 96, Saint-Denis ?

Eh bien, dites donc…

Il y a des appartements à l'étage ?

Et comment on fait pour s'y rendre ?

Vous m'accompagnez, parce que c'est un coupe-gorge, par là, non ?

Frédéric Lapointe…

Non, non, c'est pas un black, ce serait plutôt le contraire, c'est un albinos…

Et d'habitude, il s'absente longtemps ?

Si c'est pour le chien, il est sûrement dans les environs…

Écoutez, je l'attends quelques minutes : s'il arrive, il arrive, sinon, tant pis, je lui laisse une petite note que vous lui remettrez. Hein, on fait comme ça ?

Merci !

Arnaud traverse la scène, se poste juste à côté de la coulisse et regarde derrière le cadre de scène. Il en sort un fouet de cuir. Il l'examine et le remet à sa place. Il regarde à nouveau derrière le cadre et sort deux DVD. Il les regarde. Son téléphone portable sonne.

Oui, allo ?

Ah ! Justement, je vous cherchais, où êtes-vous ?

Bois de Vincennes… Nous sommes aux antipodes, mon ami. Je suis chez vous.

C'est plutôt étonnant, oui…

Eh bien, j'ai tenté de vous joindre sur votre portable toute la matinée, mais vous ne l'aviez pas ouvert. Il faut laisser votre portable ouvert, sinon comment voulez-vous que l'on communique ?

Qu'est-ce que c'est que ces histoires de bonne femme ? J'en ai un, portable, moi, depuis des années, et mon cerveau est parfaitement normal.

J'ai tenté de vous joindre parce que figurez-vous qu'il y a urgence. Hier soir, j'ai reçu un appel paniqué de mon homologue du Théâtre Royal de Copenhague, qui m'informait que les gens du English National Opera sont de passage au Danemark. Il en a profité pour les rencontrer. Il est un peu perplexe. Il dit qu'il sent la soupe chaude, il a l'impression que les Anglais veulent se retirer pour des raisons financières, mais également pour des raisons artistiques. Ils n'aiment pas le choix de *La Dryade*, ils auraient préféré quelque chose d'un petit peu plus connu, comme une *Petite Sirène*, ou un *Vilain Petit Canard*, vous voyez le genre… Et puis, ils ont l'impression qu'il y a beaucoup trop de coproducteurs, que ça commence à ressembler de plus en plus à une espèce d'« euro pudding »... Alors, j'ai tenté de le rassurer. Je lui ai dit qu'il ne connaissait pas les Anglais, ils sont toujours un peu frileux quand vient le moment de s'asseoir à table, mais après deux bonnes bouteilles de bordeaux, ils sont les premiers à se rouler à poil sur la moquette... Je lui ai fortement conseillé de réunir tout ce beau monde dans un bon petit resto de Copenhague, mais le problème c'est que, demain soir, les Anglais ont une première de *Woyczeck,* ils doivent absolument être de retour sur Londres avant la fin de l'après-midi, et moi je pars ce soir pour Milan, je ne serai pas de retour à temps si ce meeting doit avoir lieu dans la matinée. J'ai donc pensé vous envoyer en émissaire. De toute façon, vous êtes celui qui, en ce moment, en sait le plus sur le projet, alors...

Il s'agit simplement pour vous d'aller faire un petit coucou à Copenhague, de défendre le choix de *La Dryade,* de leur exposer votre vision, de les charmer un peu avec votre accent canadien et le tour est joué !

Mais j'ai entièrement confiance en vous. Qu'est-ce que c'est que ces histoires ?

Il sort un papier d'une poche de son manteau.

Tout est arrangé. Un billet électronique vous attend demain matin au comptoir d'Air France. Votre place est confirmée sur le vol de 7 h 15, vous arrivez à Copenhague à 9 h 10. Une voiture vous attend pour vous conduire au Théâtre Royal. Il y aura un petit déjeuner, une petite visite des lieux ; ensuite, on s'assoit bien gentiment autour d'une table et on discute. Après, s'il vous reste un peu de temps devant vous, vous pouvez toujours faire un saut au Musée Andersen, qui est à deux pas et dont on dit beaucoup de bien. Ensuite, on vous ramène à l'aéroport, votre place est confirmée sur le vol de 15 h 40, vous arrivez à Paris à 17 h 50, et c'est comme si vous n'étiez jamais parti !

Mais non, ça va très bien se passer, vous allez voir. Je vous souhaite un bon voyage. Bonne chance ! Faites-nous honneur ! Et n'oubliez pas de me rappeler à votre retour ! Allez ! Au revoir !

Il range son téléphone, se dirige vers la coulisse opposée en emportant les DVD et sort un billet de son porte-monnaie.

Vous pouvez me remettre la monnaie en petits jetons pour les cabines ?

On lui remet les DVD dans un sac ainsi que des jetons. Il entre dans la cabine numéro 6, dont la lumière s'allume. Le rideau s'abaisse. Projection d'images d'un film porno sadomasochiste.

Réunion
(Sous-titre : Det Kongelige Teater København)

Frédéric est assis sur un chariot qui est tiré d'un côté à l'autre de la scène, au niveau du sol. Le long de son trajet, il dépose cinq verres à égale distance les uns des autres sur le cadre de scène.

Tout le monde est arrivé ? Oui ? Je peux commencer ?

Pas de problème. Tout d'abord, bonjour tout le monde. Je m'appelle Frédéric Lapointe. Je suis de Montréal, mais je suis pas ici ce matin pour représenter la part canadienne de la coproduction. Je suis plutôt ici pour remplacer monsieur de la Guimbretière qui est retenu à Milan pour affaires. D'ailleurs, il vous envoie ses salutations et il m'a demandé de venir vous expliquer...

Pardon ?

My English is so so... Non, non, je peux essayer.

OK. Mister de la Guimbretière say to me... to come here to explicate my vision, so I explicate. OK. Ben là, il faut leur expliquer qu'il y a rien sur papier encore, donc on peut pas...

There's nothing on the paper encore because is very early in the processus but is cogiting ! Alors, mon premier commentaire is that je suis un peu surpris que vous vouliez que ce soit pour une voix seulement... because there's many personnages, you know...

Non, ce sont pas tous des êtres humains, mais chez Andersen, les animaux qui parlent, c'est important.

So, l'idée, c'est pas de rajouter des chanteurs. Mais je me disais qu'on pourrait peut-être engager un acteur, mature acteur, qui pourrait... he can do the rôle of Andersen, and he can agir as un narrateur pour les enfants. And if we get a good imitateur, he can do the voices of all the talking animals...

Non, ça serait pas de vrais animaux. It would be... the puppets.

Non, non, pas nécessairement des grosses puppets, ça peut être des petites puppets...

Ben, il y en a quelques-unes. There's the puppet of the hirondelle...

Hirondelle... Hirondelle ?

Je suis désolé, I don't understand... Why you want me to swallow? Because you don't hear me?

Ah ! c'est ça : swallow, c'est hirondelle !

Non, non, c'est juste parce que when I'm nervous, comme en ce moment, I forget to swallow ma salive and the people don't hear me and I have to drink the water...

Il boit une gorgée d'eau.

OK, so there is the puppet of the swallow mais, après ça, the Dryad come out of the tree and she visit les égouts de Paris... Paris sewer...

And when she visit the Paris sewer, she meet the rat. And the rat have a long monologue because he is nostalgique of the période romantique because in the période moderne there's no place for the rat because it is too clean and... He is nostalgique of la peste and les brigands... After, the Dryad, she go to the Exposition universelle... And she visit the pavilions...

Ben... des pavillons...

Non, pas des drapeaux, des pavillons : pavillon de la France... pavillon du Danemark...

Non, il y avait pas de pavillon du Canada parce que 1867, c'est la première année du Canada... And after, she go to the grand aquarium des mers and there, she has the dialogue with the puppet of the barbotte. There's also the puppet of the turbot... Mais il y a aussi le grand... Celui qui est...

Il fait de grands mouvements avec ses bras.

Non, pas the monkey... is... une pieuvre...

Octopus, c'est ça, octopus.

Il boit.

Ben là, s'il y a pas de budget pour les marionnettes, on est baisé.

I say if there's no budget... No budget, no puppet...

Non, c'est pas important... On s'en fout des puppets... C'est pas grave, ça peut être des jeux d'ombres. Or it can be just the voice of the acteur.

Ben là, s'il y a pas de budget pour un acteur non plus...

Je dois vous avouer que je me sens un peu peinturé dans le coin, comme on dit chez nous : je pensais pas qu'on allait parler de production aujourd'hui...

I said I feel a bit paint in the corner because you want to discuss de la mise en scène and de production... Moi, je suis pas le metteur en scène, je suis le librettiste. Je pensais qu'on parlerait des problèmes d'adaptation et des solutions dramaturgiques, you know. Et du thème. What is the message we want to say to the children with *La Dryade*?

Yes, but you read *The Dryad*? Oui, mais, est-ce que vous l'avez lu? Did you read it?

OK, you don't read, mais vous, vous l'avez lu ? Non ? Ben, s'il y a personne qui l'a lu...

OK, OK... Ben, you should read, because *The Dryad* is presque un conte érotique : une jeune nymphe vierge who come out of a tree to go Paris to feel, smell, and taste... It's un conte very... sensuel... It's like a métaphore for Andersen, who want to come out of the closet and go to Paris to have sex with the boys and the girls and tout ce qui bouge...

Oui, je sais, he never had sex in his life, but he had a lot of sex dans sa tête, because he did a lot of... plaisir solitaire... five finger solo?

Non, j'invente pas ça... In the journal personnel, il y a des traces partout.

Non, non, des traces écrites... And he write : today, I do it and it's good and today, not so good and I do it again... Because, selon Andersen, la masturbation and storytelling, ça produit le même effet chez les enfants : it développe their imagination and it help them to go to sleep faster.

Il boit.

Non, we don't say to the children is OK to masturbate. C'est pas ça que je dis.

Non, je comprends vos réticences. Plaisir solitaire is a very delicate sujet... So maybe I should send you a "premier jet" and you can...

Non, un premier jet... une première ébauche...

First draft, c'est ça. I send you first draft. I write it in the French and we translate in the English so you can see my intentions are very... kosher.

Alors on fait comme ça ? Ils auraient besoin de ça pour quand ?

Two weeks?

Ben là, deux semaines c'est un peu court ! Ça va être un petit premier jet... Non, non, it's OK. If it's important to reassure you...

So... it's my vision. I want to say is very important to me the project. I'm very happy to participate because it's first time opera, so I'm very excited.

So... Is there the questions?

Il boit. Le chariot est tiré vers la coulisse. Frédéric ramasse les verres.

Odense

(Sous-titre : Musée H. C. Andersen)

Le rideau est levé. Dans l'écran, une installation de valises et d'objets ayant appartenu à Andersen.
On entend une voix féminine enregistrée, au fort accent danois.

Commentaire numéro 7 : Les valises d'Andersen.

Hans Christian Andersen nourrissait une réelle passion pour les voyages. À partir de 1832 et jusqu'à la fin de sa vie, il a effectué une cinquantaine de déplacements, séjournant dans la plupart des grandes villes européennes. À l'époque d'Andersen, les trains roulaient à une vingtaine de kilomètres à l'heure. Cela nous paraît aujourd'hui d'une extrême lenteur, mais en ce temps-là, c'était considéré comme très rapide.

Fait à noter, il était terrorisé à l'idée qu'un incendie puisse éclater dans l'hôtel où il séjournerait, et il emportait toujours une corde dans ses bagages pour le cas où il aurait à quitter sa chambre par une fenêtre.

Commentaire numéro 8 : Jenny Lind.

Musique. Un mannequin de couturière, vêtu d'une robe du XIXᵉ siècle, apparaît.

En septembre 1843, Andersen fait la connaissance de Jenny Lind, une jeune cantatrice suédoise qui était surnommée le Rossignol du Nord.

Andersen, même chevelure que Frédéric mais habillé de vêtements d'époque, gants, redingote et haut-de-forme, entre du côté opposé et vient à la rencontre du mannequin.

Il a éprouvé pour Jenny Lind un vif sentiment amoureux, mais, comme toutes les femmes dont il s'est épris, elle était déjà fiancée et ne lui rendait pas son amour. Ils ont de nombreuses affinités ; leur relation sera intense, mais restera platonique.

Au rythme de la valse, Andersen et Jenny effectuent un chassé-croisé pendant lequel l'homme retire son chapeau et sa redingote et déshabille peu à peu la femme. Puis, alors qu'il tente d'enlacer le mannequin dévêtu, celui-ci se dérobe et disparaît en coulisse.

Speed
(Sous-titre : Train København Köln)

L'acteur grimpe dans l'écran et remet le veston de cuir de Frédéric. Ambiance sonore de train en marche. Projection d'images en perspective d'un paysage qui défile, lentement d'abord puis de plus en plus vite. Frédéric s'assoit sur les valises, sort un carnet de son sac et commence à écrire. Il s'arrête, regarde sa montre et compose un numéro sur son portable.

Oui, bonjour, Rachid ?

Excuse-moi de te déranger, c'est Frédéric à l'appareil.

Écoute, je me demandais si c'était possible pour toi de garder Fanny un petit peu plus longtemps que prévu… C'est parce que, figure-toi donc, il y a une grève des contrôleurs aériens qui a été déclenchée en France à midi aujourd'hui et j'ai été obligé de prendre le train. Je suis quelque part entre Copenhague et Hambourg, je devrais arriver tard en soirée à Cologne mais, malheureusement, il y a pas de TGV pour Paris avant demain matin. Je serai pas à la maison avant midi.

Non, je passerai pas la nuit dans la gare de Cologne… Je vais me trouver un bar ou une discothèque… Inquiète-toi pas pour moi, inquiète-toi pour Fanny plutôt. Assure-toi qu'elle a de l'eau, un peu de nourriture, puis il faudrait que tu lui donnes ses médicaments aussi… Elle a trois bouteilles de pilules, avec une petite note explicative…

Ben, c'est ça, le problème, je sais pas où je les ai mises. Probablement sur le comptoir de cuisine. Sinon, va voir dans la salle de bains…

Qui ça ? C'est qui, ces gens-là ?

Écoute, j'entends mal, le signal est mauvais…

Des *dealers* de quoi ? Des *dealers* de drogue ?

Oui, mais, est-ce que tu leur as dit que Didier est au Canada en ce moment ?

Ah non ! Rachid, écoute, je commencerai pas à payer pour les dettes de drogue de Didier parce que les gars font des menaces !

S'ils reviennent, dis-leur que je vais leur parler demain quand je vais arriver. Ils me font pas peur, moi.

Oui, oui, je vais leur parler. T'inquiète pas. Bon, je vais te laisser, le train gagne de la vitesse et le signal commence à faiblir.

Je suis vraiment désolé de t'imposer ça, pauvre Rachid… Rachid ? Rachid ?

En rangeant son téléphone dans son veston, il met la main sur les pots de pilules, qu'il sort de sa poche avec une mine exaspérée. Il les examine attentivement. Il ouvre l'un des pots et en tire une pilule qu'il avale. Musique techno. Il se remet à écrire dans son carnet tout en scandant le rythme. Le paysage défile de plus en plus vite, se transformant bientôt en images psychédéliques pendant que le volume de la musique augmente. Frédéric chante :

> *It doesn't mean much*
> *It doesn't mean anything at all*
> *The life I left behind me is a cold one*
> *I've crossed the last line*
> *From where I can't return*

Speed

Where every step I took in faith
Betrayed me
And led me from my home
And sweet, sweet surrender
Is all that I can give

Sur un accent musical, Frédéric saute en bas du dispositif, traverse le cadre de scène et danse à la lumière saccadée d'un stroboscope. Noir. Le rideau s'abaisse.

La Dryade (3ᵉ partie)

Projection de l'image d'une rue parisienne à l'aube. Ambiance sonore. La marionnette d'un cheval tirant une charrette dans laquelle est placé le petit marronnier s'avance latéralement sur la scène. On entend la voix de Frédéric.

« Où commence Paris et quand y serai-je ? » se demandait la dryade. Le fourmillement humain augmentait, le vacarme et l'agitation augmentaient, les voitures et les piétons se suivaient et, partout, boutique après boutique, musique, chansons, cris, conversations. La dryade était en plein Paris.

La marionnette s'immobilise.

Le chariot s'arrêta sur une place plantée d'arbres, entourée de hautes maisons où chaque fenêtre ouvrait sur un balcon. Les gens regardaient le jeune marronnier qu'on allait planter à la place de l'arbre mort, arraché, qui gisait sur le sol.

Le marronnier est soulevé et placé à la verticale derrière la charrette.

La dryade sentit qu'on soulevait son arbre et qu'on le mettait à sa future place. On cacha sous terre les racines de l'arbre, du gazon frais fut déposé par-dessus. L'arbre mort, tué par l'odeur du gaz, les vapeurs et l'air étouffant de la ville, fut mis sur le chariot et emporté.

Le cheval et la charrette sortent.

« Je suis heureuse, disait la dryade, et pourtant, je ne peux exprimer ce que je ressens ! Tout est comme je le pensais, et pourtant, pas comme je le pensais ! » Les maisons étaient si hautes, si proches. « Si seulement, pensait la dryade, ces maisons voulaient bien se déplacer, pour que je puisse voir Paris… » Les maisons ne se déplaçaient pas.

L'image s'assombrit. Les réverbères s'allument. On entend le chant des grillons.

Les réverbères s'allumèrent. Les lampes brillaient dans les boutiques, éclairaient les branches de l'arbre ; on eût dit un soleil d'été. Tout autour, c'était vacarme et mélodies, couleurs et lumières. La dryade ressentit une joie enivrante. « Quel bonheur, quelle merveille ! Je suis à Paris ! »

L'image passe de la nuit au jour, puis du jour à la nuit et ainsi de suite.

La journée et la nuit suivantes, ce fut encore le même spectacle, la même circulation, la même vie, changeante et pourtant toujours la même. « Maintenant, je connais tous les arbres, toutes les fleurs, ici, sur la place ! Je connais chaque maison, chaque balcon, chaque boutique. Où sont les arcs de triomphe, les grands boulevards et la fameuse merveille du monde ? Je ne vois rien de tout cela ! Où est donc tout ce dont j'ai entendu parler, tout ce qui m'a attirée ici ? Il faut que je fasse partie des vivants ! »

Le soupir de la dryade devint une prière. « Prenez les années que j'ai à vivre, donnez-moi la moitié de la vie d'un éphémère ! Délivrez-moi de ma prison, donnez-moi un court moment de vie humaine, rien que cette nuit, s'il le faut, et puis punissez-moi ensuite de mon ardeur et de mon audace, de mon désir de vivre ! Laissez-moi sortir ! »

Le marronnier s'agite. On entend une bourrasque de vent.

Il y eut soudain un bruissement dans l'arbre, toutes les feuilles tremblèrent, comme si du feu les traversait. Une rafale passa sur la cime de l'arbre et au milieu de cette cime s'éleva une silhouette de femme, la dryade en personne.

Une petite marionnette habillée d'une robe verte s'élève au-dessus du marronnier puis se pose à son pied. Noir.

Psycho canine
(Sous-titre : Institut de psychologie canine de Paris)

Le rideau est levé. Frédéric est assis dans un fauteuil placé dans l'écran, face au public, la laisse de Fanny dans les mains. Il fait mine de caresser la chienne à côté de lui.

Je dois vous avouer que j'ai jamais fait ça, moi, de la psycho canine... Donc je sais pas trop comment on procède. Comment ça fonctionne habituellement avec Didier ? Je veux dire, vous posez des questions à la chienne puis c'est lui qui répond ou c'est dans l'autre sens ?

Non, non, je tourne pas ça en dérision, c'est juste que je sais pas quoi dire...

Ben, parce que c'est pas mon chien, alors je peux pas vraiment comparer avec des comportements antérieurs... Puis, de toute façon, elle me paraît pas être une chienne qui a des problèmes d'ordre psychologique, elle aime jouer, elle mange avec appétit, elle est affectueuse...

Non, elle est pas stressée du tout.

Ah, moi, ça ? Mon Dieu, pourquoi ? J'ai l'air stressé ou...

Ben, peut-être un petit peu, oui… Mais c'est circonstanciel parce que je suis plutôt d'humeur égale, habituellement.

Ben, je sais pas c'est quoi, j'imagine que c'est le dépaysement… Je suis pas de Paris.

Oui, ça s'entend.

Ben, Paris, c'est beau quand on visite, mais quand on y travaille, c'est un peu plus stressant. Pis je travaille dans un milieu qui est pas le mien. Je travaille pour l'Opéra de Paris.

Oui, moi, je viens du milieu du rock'n'roll et de la musique populaire, donc… C'est plus facile, moins protocolaire, c'est moins hiérarchisé. Là, il y a quelques jours, j'ai remis le premier jet d'un livret qu'on m'a commandé, donc je suis un peu dans l'expectative. Mais je me dis : pas de nouvelles, bonnes nouvelles !

Je sais pas pourquoi j'ai dit oui à ça… Peut-être parce que ça se refusait pas, une offre comme ça. C'est très prestigieux, ça se place bien dans une conversation, dire qu'on a travaillé à l'Opéra de Paris. Peut-être pas ici, mais à Montréal, ça produit son effet.

Mais aussi… J'en avais marre de faire de la poésie minute, j'avais envie de participer à quelque chose d'important, quelque chose de grand, de plus riche, quelque chose qui allait rester. Mais là, pourquoi vous voulez savoir ce genre de détails ? Vous avez peur que je communique mon stress à la chienne ou…

Parce que j'ai plutôt l'impression du contraire, c'est plutôt elle qui me communique son calme. Surtout la semaine dernière, j'ai passé des journées entières à écrire enfermé dans une chambre… Heureusement qu'elle demande la porte trois fois par jour, ça me permet de faire de longues promenades. Ça fait juste trois semaines que je suis à Paris et je connais tous les espaces verts, pour ne pas dire chaque arbre.

Et puis le soir, elle saute sur le lit. Je ne sais pas si c'est ce qu'elle faisait avec Didier, et comme je veux pas trop la contrarier, je la laisse dormir avec moi.

Ben, elle me lèche un peu et moi, je la caresse…

Oui, je la caresse. Je la caresse… comme on caresse un chien, je veux dire ! Où est-ce que vous voulez en venir exactement ?

Une carence affective de sa part ou de la mienne ?

Ben, je sais pas… Il y a peut-être un petit peu de ça, oui.

Ben, parce que je viens de sortir d'une relation et ça fait juste deux mois, alors c'est sûr que j'ai pas vraiment l'habitude de dormir seul. C'est peut-être un vieux réflexe… Peut-être que c'est ça, je sais pas.

Non, c'était une très bonne relation, c'était vraiment…

Ça a duré seize ans, donc ça devait être… C'est juste que ça s'est terminé de façon un petit peu abrupte. La relation s'est détériorée un peu vers la fin.

Pour toutes sortes de raisons qui sont pas vraiment intéressantes…

Ben, travailler dans le même milieu, aussi, c'est jamais très bon. C'est difficile pour le couple, ça.

Oui, c'est une chanteuse populaire… En fait, elle est plus chanteuse que populaire ! C'est un peu ça, le problème : elle, sa carrière a jamais vraiment levé ; moi, ma carrière a levé assez rapidement. Donc, avec le temps, elle est devenue dépendante financièrement. Mais je la comprends. Elle approche les quarante ans, elle a envie de se prouver qu'elle est capable de faire les choses par elle-même, pis c'est correct. Je me dis que ça va lui passer et qu'elle va revenir.

Évidemment, elle, elle vous donnerait d'autres raisons. Parce qu'elle veut élever une famille, et moi, ça m'intéresse pas, alors…

Parce que j'aime pas ça, les enfants.

J'aime pas ça parce que j'aime pas ça, c'est tout.

Non, c'est pas parce que je veux éviter le sujet, c'est juste que je vois pas le rapport que ça peut avoir avec l'équilibre mental de Fanny.

Non, c'est juste que, là, je trouve qu'on bifurque beaucoup. Je pensais qu'on allait parler plus du chien.

Ben, parlons-en !

Non, c'est pas ce que j'ai dit. J'ai dit qu'elle m'apparaît pas comme une chienne qui a besoin d'aide d'ordre psychologique, mais elle a peut-être d'autres sortes de problèmes dont on pourrait peut-être discuter…

Ben, la dépendance aux médicaments, par exemple. C'est une chose qui me préoccupe un peu. En fait, c'est Didier, le problème. J'ai comme l'impression qu'il projette ses propres problèmes de dépendance sur sa chienne et puis je trouve ça malsain de faire ça.

C'est épouvantable, toutes les cochonneries qu'il faut que je lui donne en une journée. Je lui donne un demi-Valium avant qu'elle se couche et l'autre moitié le lendemain matin quand je vais la promener, mais il faut que j'espace ça un peu, parce qu'entre-temps, il faut que je lui fasse avaler du phénobarbital, pour son épilepsie. Et là, si je sens que ça l'aplatit trop, je dois lui donner une espèce de Ritalin pour chien. Mais si vous voulez mon avis, ça ressemble plus à de l'ecstasy…

Ben, il y a de quoi être préoccupé : elle prend plus de médicaments qu'Elvis Presley à la fin de sa vie ! Je vais la retrouver en surdose !

Oui, mais, est-ce que c'est vous qui lui prescrivez tout ça, ou si c'est son vétérinaire ?

C'est vous ?

Non, je suis pas d'accord.

Il faut avoir de la compassion, peut-être, mais c'est pas une raison pour leur passer toute notre cochonnerie. D'ailleurs, je trouve ça un peu douteux, cette tendance qu'ont les gens de traiter leurs animaux de compagnie comme s'ils étaient des enfants et leurs enfants comme s'ils étaient des animaux de compagnie.

Non, c'est vrai. L'autre jour, dans le métro, j'ai vu une mère gifler sa petite fille de cinq ans devant tout le monde et personne a réagi ! Moi, j'étais horrifié. C'est normal, on donne des coups, on engueule, on y va et c'est comme ça ! Ça peut bien faire des sociétés agressives…

Non, j'aime pas les enfants, mais c'est pas une raison pour les frapper.

Non, je serais incapable de lever la main sur un enfant, jamais.

De toute façon, je le saurai jamais parce que j'aurai jamais d'enfant. La question est réglée.

Vous êtes vraiment tenace.

Bon, d'accord, je vais vous le dire. Vous aimerez peut-être pas la réponse, mais tant pis. Moi, les enfants, je trouve pas ça inoffensif. Je les trouve méchants, cruels… J'ai été victime de leur méchanceté et de leur cruauté toute ma vie. Maintenant, je suis assez vieux pour me défendre, mais j'ai pas envie de m'entourer de marmots à qui il faut expliquer que c'est pas bien d'être raciste, que c'est pas correct de rire des infirmes, qu'il faut être tolérant… Ça me déprime de penser que, bientôt, j'ai une première où je serai entouré d'enfants qui, évidemment, vont me choisir comme leur tête de Turc et qui vont m'appeler l'albinos, l'ectoplasme, le fantôme de l'opéra…

C'est quand même incroyable. Je suis capable de faire face à des *dealers* de drogue baraqués comme ça, sans broncher, et un enfant se moque de ma condition, je perds tous mes moyens.

C'est sûr que je lui ai tout expliqué, à Marie, de long en large, mais elle peut pas me comprendre, elle est pas à ma place. Et moi, je suis pas à sa place, donc je peux pas comprendre quand elle dit qu'elle veut avoir un enfant pour des raisons de femme.

Elle dit que ça va achever d'épanouir son corps, que ça va ouvrir sa voix et que sa carrière va lever… C'est bien connu ça, hein ? Quand on a des enfants, notre carrière monte en flèche ! Elle s'était tellement convaincue de ça qu'elle en oubliait de prendre la pilule, mais elle voulait pas de la pilule du lendemain parce qu'elle disait que ça marchait pas. Elle voulait pas prendre de précautions non plus. Alors, moi, j'ai décidé que je me ferais pas piéger, donc je suis allé me faire vasectomiser. Évidemment, j'aurais dû lui en parler avant...

Ben, ç'a eu pour effet de mettre un terme à la relation... puis ça me tue.

Bon. La demi-heure, est-ce qu'on est obligé de l'utiliser toute ou bien, si on sent que l'animal en a assez, on peut comme...

Il fait un signe de la main.

Bon. Est-ce que je peux poser des questions, moi aussi ?

Quel âge avez-vous ?

Non, je vous drague pas. Vous êtes une professionnelle, vous devriez être capable de répondre...

Bon, d'accord, si vous voulez pas jouer le jeu, je vais deviner. Vous êtes dans la jeune cinquantaine.

Bon. La mi-quarantaine. Désolé.

Non, non, c'est les lunettes... Bon, est-ce que vous avez des enfants ?

Non ? Bon. Est-ce que vous vous sentez moins femme parce que vous êtes dans la jeune quarantaine et que vous avez jamais eu d'enfant ?

Ah, mon Dieu ! Quelle indiscrétion, c'est épouvantable ! Quelle question indiscrète, c'est effrayant ! On peut étaler ma vie sexuelle et ma vie intime de long en large, ça, c'est pas indiscret ! Vous savez ce que vous êtes ? Vous êtes une manipulatrice ! Vous manipulez les pauvres gens qui ont des problèmes psychologiques, qui sont incapables de se l'avouer et qui se sentent obligés de passer par leur chien pour avoir de l'aide d'une pseudo-psychologue canine qui a probablement même pas ses diplômes et qui fait ce qu'on appelle de la psychologie sauvage !

Je suis désolé, c'est sorti tout seul. Je sais pas ce qui m'a pris.

Non, je vous le dis, j'ai jamais fait ça. Je suis vraiment étonné. Vous êtes bonne, finalement.

C'est vrai, de toute évidence, vous avez réussi à me déstabiliser. Vous avez réveillé en moi un vieux système de défense que j'ai développé quand j'étais enfant.

Pas bébé, mais enfant… Quand j'ai commencé à aller à l'école et que j'ai compris que j'étais différent des autres…

Non, ça, c'est plus tard, quand ma mère m'a fait comprendre que si je voulais vraiment essayer de…

Musique. Le rideau s'abaisse.

Backstage

Projection de l'image de la salle du Palais Garnier. Arnaud entre en s'adressant à la coulisse devant lui.

Bon. Dès que les gens du Metropolitain Opera arrivent, je veux qu'ils entrent par le débarcadère, qu'ils passent ici, dans les coulisses, et vous les emmenez ensuite sur le plateau. Je veux absolument qu'ils voient l'arrière du décor, qu'ils voient le genre de miracles qu'on arrive à faire avec le peu d'argent qu'on nous donne. Ensuite, il faut les conduire dans le petit salon. Vous les faites patienter un peu, le temps qu'on fasse entrer les enfants dans la salle. Il faut ensuite les accompagner à leurs sièges. Il faut les asseoir pas trop à l'arrière parce qu'ils ne verront rien, et pas trop à l'avant parce que là, ce sont les enfants qui ne verront rien, qui vont se mettre à siffler, à leur lancer des petites boulettes de papier et c'est exactement le genre d'incident qu'il faut éviter à tout prix. Bon. Je sors une petite heure pour casser la croûte et me concentrer un peu et à mon retour, je veux que tout soit nickel. Allez !

Il s'apprête à sortir. Son portable sonne.

Oui, allo !

Ah, Nigel, how are you doing?

How are things in London?

Good, good!

No, no, I could not be in Copenhague because I was in Milan. I was negotiating with Fontana at the Scala. They want to postpone the coproduction of the *Ring* for 2012, 13, 14.

Yes, Fontana is afraid that before that, Placido might not be available. But I'm afraid that if we keep postponing, Placido might not be alive by then!

So tell me, Nigel, how was the meeting in Copenhague?

Good! And what did you think of our albinos from Canada?

Ah bon ? Mais c'est une catastrophe !

Ah non, ah non, ah non ! Did you remind him that it is for the children? I mean…

Yes, I know it's for the preadolescents but it's not a reason to do a thing à la mords-moi-le-nœud-mon-cul-sur-la-commode !

No, listen : if you have a bad feeling, we get rid of him. I trust your artistic judgment, so if you don't like him, we zap him.

Yes, I know, I'm usually not so rapide sur la gâchette, but maybe this morning, it's a bit different because we might have a good sense solution to our budgetary problem with the Opéra de Montréal.

Yes, the people from New York showed up this morning unannounced because they want some invitations for the opening of *La Bohème.* So I sent them across the street to have breakfast with my assistant and when she innocently mentioned that we were working together on an Andersen project, they looked back at her with big bad bedroom eyes…

I don't know if they are serious or not, but according to my assistant, they sounded very interested.

Yes, but it would be a good opportunity to get rid of Opéra de Montréal et, du coup, of the albinos. I'm sure we can find a better writer in New York. I'm sure we can even get somebody from Broadway.

Yes, we had agreed on a certain amount but it was in Canadian dollars, so I just call them back and say that there was a malentendu, that it was in American dollars and they will never be able to afford it.

No, no, we do that all the time with the Canadians.

But Nigel, don't get excited too early. We have to continue as is, at least, for a couple of weeks because we have to let the American go back to New York and make their decision. You know how long that can be...

So don't speak about this to anybody. We will continue to work as if nothing has changed. And when it's time to make the move, we make the move.

Listen, I have to go. So I'll call you back in a few hours to give you a first impression. Take care and give my love to Betty. Au revoir !

Il sort.

Peep-show (3)

Le rideau est levé. Les neuf cabines du peep-show, *vues de l'intérieur. Dans
chacune d'elles, un siège de plastique orange placé latéralement.*
*Arnaud entre dans la sixième cabine. Il dépose sa mallette, retire son manteau
qu'il accroche sur la porte, sort ses papiers-mouchoirs et insère des jetons dans
l'appareil vidéo. Bande sonore d'un film porno. Il s'assoit, détache sa ceinture
et commence à se caresser. Son portable sonne. Il a un mouvement d'impatience
puis il sort l'appareil de la poche de son manteau.*

Oui, allo ?

Yseult ?

Mais qu'est-ce qui se passe, ma puce, pourquoi pleures-tu ? Tu
es malade ?

Oui, mais cesse de pleurer et dis à papa ce qui se passe.

Eh bien, si maman n'est pas passée te prendre, c'est qu'il n'est
que midi, ma puce ! Normalement, c'est à seize heures qu'elle passe
te prendre…

Ah ! Eh bien, peut-être que maman a oublié que c'est Jeudi saint.
Tu as tenté de la joindre sur son portable ?

Ah ça, c'est bizarre…

Bon, écoute, où es-tu ? Tu es devant ton école ?

Bon, retourne à l'intérieur de l'école, reste avec ta surveillante et papa va tenter de joindre maman.

Parce que je ne veux pas que tu attrapes la crève. Tu viens tout juste de te remettre d'une varicelle, je veux que tu sois en forme pour aller à Eurodisney lundi prochain.

Si maman ne peut pas y aller, papa ira.

Mais cesse de pleurer, ma puce ! Mais qu'est-ce que c'est que ces gros sanglots ?

Je te fais un gros bisou ! Papa te fait un bisou. Tu me fais un bisou ? Allez, à tout de suite.

Il termine l'appel puis compose un numéro.

Oui, bonjour, Romain ? C'est Arnaud.

Brigitte est chez toi ?

Écoute, Romain, entre gitans, on ne va tout de même pas se faire les cartes ! Donc, tu ne me racontes pas d'histoires et tu me passes ma femme.

Un temps.

Oui, Brigitte, écoute : je ne t'appelle pas pour t'embêter, je t'appelle pour te dire que je viens de recevoir un appel d'Yseult en larmes, elle était complètement paniquée, nous sommes Jeudi saint, tu devais passer la prendre à midi...

Qu'est-ce que tu as fait de ta bagnole ?

Alors, comment tu as fait pour te rendre aux Buttes-Chaumont ?

Ah ! Parce qu'en plus, il est passé te prendre à la maison ! Eh bien, vous êtes culottés, tous les deux !

Non, c'est impossible, je reçois des gens de New York, moi, cet après-midi.

Et moi, tu crois peut-être que ça m'amuse de savoir que ma petite fille de huit ans attend sous la pluie battante pendant que sa mère se fait culbuter par mon meilleur ami ?

Ce n'est pas ce dont on avait convenu ! Tu devais passer rue du Faubourg Saint-Honoré choisir une robe pour la première de *La Bohème.*

Ah non ! Tu ne vas pas encore me faire le coup, tu m'entends ?

Eh bien, parce que c'est important, figure-toi ! La femme du directeur général va encore me demander si tu existes !

Bon d'accord, j'y vais ! Mais ça ne va pas en rester là, tu m'entends ? Ça ne va pas en rester là !

Il termine l'appel, reboutonne son pantalon, remet son manteau et replace sa cravate tout en ne quittant pas l'écran vidéo des yeux. Il se rassoit et commence à se caresser à nouveau. La projection s'arrête brusquement. Il sort d'autres jetons de sa poche, puis regarde sa montre. Il hésite, puis se lève et quitte la cabine.

Rachid ouvre la porte de la cabine et y passe la vadrouille. Il referme la porte. Les cabines disparaissent en coulisse.

Café Internet

Le rideau est levé. Projection d'un @ sur l'écran, dans lequel sont placés six ordinateurs, une chaise de plastique orange faisant face à chacun. Ambiance sonore de bistro. Frédéric entre et s'assoit sur une des chaises, dos au public. Il tape sur le clavier de l'ordinateur. Un gros plan en direct de son visage est projeté sur l'écran, se superposant à l'image d'un site de courrier électronique. Il tape son adresse et son mot de passe. Il a un nouveau message, qu'il ouvre.

Bonjour Frédéric,
Juste un petit mot pour te dire qu'ici à Montréal la cure se passe mieux que je ne l'espérais. J'ai eu la chance de rencontrer Marie hier. Elle est passée chercher le reste de ses affaires. Nous avons bavardé un peu et elle m'a parlé de toi. Je la crois encore éprise. C'est vraiment une femme formidable. Tu as beaucoup de chance.
Didier

Frédéric tape :

Didier,
Tes dealers veulent être payés. Cette fois-ci, ils menacent de casser la baraque. Que faire ?
Fred

P.-S. – Je reviens de chez le vétérinaire. Fanny est en pleine forme, mais…

Il efface les derniers mots et tape à nouveau :

en bonne forme, mais…

Il efface encore et tape :

en forme, mais…

Il efface une autre fois et tape :

enceinte.

Il envoie le message. Son visage disparaît de l'écran. Il se lève et sort. Le rideau s'abaisse.

L'Ombre

Une petite table de chevet surmontée d'une lampe allumée. Arnaud entre.

Qu'est-ce qui se passe, ma puce ? Tu ne dors pas ?

C'est la télévision de maman qui t'empêche de dormir ?

Tu as soif, peut-être ? Tu veux que je t'apporte un verre d'eau ? Non ?

Je sais que tu n'as pas d'école demain, mais il faut dormir, ma puce.

Il s'assoit sous la lampe.

Tu veux peut-être que papa te raconte une histoire ?

Il sort un gros livre.

Qu'est-ce que tu veux entendre ?

Ah non ! Pas « L'Ombre » !

Parce que si je te raconte « L'Ombre », tu ne vas pas dormir.

Bon, d'accord ! Alors, tant pis ! Si, après, tu as peur, ce sera ta faute.

Alors… C'est l'histoire d'un homme savant qui venait des pays du nord et qui décida un jour d'aller visiter un pays du sud, où il faisait tellement chaud qu'il devait passer toute la journée dans sa chambre, portes et volets fermés. Il n'y avait que le soir, quand le soleil était couché, qu'il pouvait ouvrir les volets, respirer l'air frais et écouter les bruits de la ville qui renaissait.

Ambiance sonore.

Il y avait une maison juste en face de l'auberge où il logeait. C'était une assez belle maison, avec un grand balcon sur lequel il y avait des pots de fleurs. Mais on n'y voyait jamais personne. Pourtant, le soir venu, la porte du balcon était entrebâillée, et elle laissait s'échapper une douce musique, si belle qu'elle le faisait rêver.

Musique.

Alors, il se demandait : « Mais qui peut bien habiter cette maison ? » Un soir, alors qu'il voulait écrire dans sa chambre, il demanda qu'on lui apporte de la lumière.

Il retire l'abat-jour, place la lampe sur le cadre de scène et se tourne vers le public. Son ombre se projette sur le rideau derrière lui.

Alors qu'il écrivait, il remarqua que son ombre se projetait par la fenêtre sur le mur de la maison d'en face. Pour plaisanter, il dit à son ombre : « Pourquoi ne te rends-tu pas utile, ne te glisses-tu pas le long du mur et n'entres-tu pas par l'entrebâillement de la porte du balcon ? Va à l'intérieur. Va voir qui habite là et reviens me dire ce que tu y as vu. »

Il saisit la lampe et, en la faisant bouger devant lui, il fait bouger son ombre sur le rideau.

À sa grande surprise, son ombre se glissa le long du mur, entra par l'entrebâillement de la porte du balcon et disparut à l'intérieur de la maison.

Il place la lampe au-dessus de sa tête, faisant disparaître son ombre.

Le lendemain matin, alors qu'il était sous le soleil pour lire son journal et prendre son petit déjeuner, il remarqua que son ombre avait complètement disparu. Elle était entrée dans la maison d'en face et n'était jamais revenue. Il trouvait cela bien embêtant. Alors, il se mit à la chercher partout pendant des semaines et des semaines et, comme il ne la trouvait pas, il retourna chez lui, dans les pays du nord, sans ombre et couvert de honte.

Dix longues années passèrent. Un soir qu'il écrivait dans sa chambre, il entendit frapper à sa porte.

Il frappe trois coups sur le cadre de scène, se lève et place la lampe derrière son dos. La lumière l'éclaire en silhouette.

Il alla ouvrir et il découvrit la silhouette d'un homme élégant, qui portait un chapeau claque et qui lui dit :

Il coiffe un chapeau claque.

« Tu ne me reconnais pas ? Je suis ton ombre. Il y a dix ans, je suis allé où tu m'as dit ; j'ai tout vu, j'ai tout entendu et je sais tout. Car je suis entré dans l'antichambre de la poésie. Eh oui, c'était la poésie qui habitait dans la maison d'en face. Et tout ce savoir m'a rendu riche. Comme tu peux le voir, je me porte plutôt bien. Mais je ne peux pas en dire autant de toi. Tu as beaucoup vieilli, tu as l'air malade, tu es vraiment devenu l'ombre de toi-même… Pourquoi ne me suis-tu pas jusqu'à la mer ? Je suis convaincu que l'air salin te ferait du bien. »

Il retire son chapeau et place la lampe devant lui.

Alors l'homme savant suivit l'Ombre jusqu'à la mer.

Il balaie le public avec le faisceau lumineux de la lampe.
Bruit de vagues.

Il y avait là-bas des centaines et des centaines de gens venus de partout dans le monde et, parmi eux, une charmante princesse d'un pays lointain.

Le mannequin de couturière, vêtu d'une longue robe blanche et surmonté d'une ombrelle, entre.

Elle remarqua l'Ombre et trouva que c'était un personnage plutôt singulier. Alors, elle le fit inviter à sa table. L'Ombre bavarda toute la journée avec la charmante princesse et, plus tard dans la soirée, il y eut un grand bal où il la fit danser. Où il la fit tourner.

Il fait tourner le mannequin sur lui-même.

Elle tourna, tourna, tourna… Elle se sentait si légère, aussi légère qu'une ombre. Et elle tomba follement amoureuse.

Il dirige la lampe vers le mannequin.

Mais elle se dit : « Il ne suffit pas d'être bon danseur, il faut également avoir des connaissances. » Alors, elle se mit à l'interroger sur une foule de sujets, des questions auxquelles il lui était impossible de répondre.

Il ramène la lampe devant lui, puis la dirige vers la coulisse.

L'Ombre pointa l'homme savant qui était resté à l'écart et dit : « Vous voyez l'homme là-bas, à l'air sombre. Eh bien, c'est mon ombre. Posez-lui vos questions, il saura sûrement vous répondre, puisque nous partageons tout. Il me suit comme un petit chien depuis ma plus tendre enfance. »

La charmante princesse interrogea l'homme savant qui, évidemment, répondit de façon savante et intelligente. Et elle se dit : « Un homme qui a une ombre si intelligente et si savante serait une pure bénédiction pour mon peuple si je le prenais pour époux. » Alors, elle invita l'Ombre à la suivre dans son pays lointain.

Il coiffe le chapeau et place la lampe derrière son dos.

L'Ombre était si heureux de ce qui lui arrivait qu'il dit à l'homme savant : « Pourquoi ne nous suis-tu pas jusqu'au palais ? Viens vivre avec nous. Tu pourras te balader en carrosse si tu le veux, et je te donnerai un salaire de mille couronnes. Mais il faudra toujours que tu dises que tu es mon ombre. Et quand je sortirai sur mon balcon pour saluer mes sujets, tu te coucheras à mes pieds comme le font les ombres. »

Il retire son chapeau et place la lampe devant lui.

Alors, l'homme savant répondit : « Ah non, là, c'est trop fort ! Ce serait trahir la princesse et tout son peuple. Je vais te dénoncer, je vais dire que c'est moi, l'homme savant, et que c'est toi, l'ombre. »

Il pose le chapeau sur l'ampoule, dépose la lampe sur la table, puis il retire le chapeau, replace l'abat-jour sur l'ampoule et se rassoit.

Mais il n'eut pas le temps parce que l'Ombre le fit enfermer. Et l'Ombre épousa la charmante princesse et il y eut une grande réception, mais l'homme savant ne vit et n'entendit rien de tout cela puisque son ombre l'avait fait exécuter.

Il referme le livre.

Tu ne dors pas ?

La morale ? Je ne sais pas. J'imagine qu'Andersen tente de nous dire qu'il y a, en chacun de nous, une part d'ombre et que, si nous la laissons nous dominer, elle finit par nous détruire. Allez, bonne nuit, ma puce !

Il éteint la lampe. Noir.

Promenade (2)
(Sous-titre : Square Louvois)

Les trois troncs d'arbres. Frédéric promène Fanny en parlant au téléphone. Il s'arrête près du gros arbre.

Oui, mais je comprends pas du tout ce qui se passe. Je lui ai envoyé mon manuscrit il y a plus d'une semaine et il m'a jamais rappelé. Il m'a pas fait de commentaires, pas donné de *feed-back,* rien…

Oui, mais, est-ce que vous êtes bien sûr que son assistante lui a remis l'enveloppe ?

Non, c'est une grande enveloppe blanche avec un cachet rouge. Je l'ai scellée parce que je voulais que personne d'autre le lise avant lui.

C'est ce que j'ai fait : je lui ai laissé message par-dessus message et il me rappelle jamais. J'ai même téléphoné d'un P. T. T. parce que je suis convaincu qu'il reconnaît le numéro de mon portable et qu'il veut pas répondre.

Alors, qu'est-ce que je fais pour avoir son attention ? Je fais la grève ? Est-ce que c'est ça qu'on fait ici quand on veut attirer l'attention ?

Je vous engueule pas, mais mettez-vous à ma place… Je sais plus comment procéder, moi !

Non, je l'appellerai pas chez lui, il veut pas qu'on le dérange chez lui !

Bon, je vais prendre mon mal en patience, mais si dans une semaine il m'a pas rappelé, je retourne à Montréal. Merci.

Il termine l'appel. La chienne est très agitée.

Fanny ! Veux-tu, s'il te plaît ! C'est pas le temps de jouer !

Il fait quelques pas. La chienne s'agite de plus en plus.

Bon, toi, t'as fini de m'énerver ! Viens ici ! Tu veux jouer ?

Il détache la chienne.

Ben, va jouer dans le trafic pis fais-toi donc frapper !

Il lance un jouet dans la coulisse. La chienne sort en courant.
Il compose un numéro.

Oui, allo ? Madame de la Guimbretière ? Je m'excuse de vous déranger, est-ce que votre mari est à la maison ?

Merci… Fanny ! Non. Reviens ici…

Oui, bonjour, excusez-moi de vous déranger, c'est Frédéric Lapointe à l'appareil. Je sais que vous aimez pas ça qu'on vous appelle à la maison, mais je considère vraiment que c'est une urgence. Ça fait une semaine que je vous ai remis mon texte et vous m'avez jamais rappelé, vous m'avez jamais fait de commentaires… De toute évidence, vous détestez ça. Mais c'est correct, vous pouvez m'en parler, moi non plus, j'aime pas ça…

Ah bon ?

Oui, mais vous auriez pu me dire ça il y a une semaine !

Je suis très heureux d'entendre ça. Mais si vous m'aviez dit ça il y a une semaine, j'aurais pas perdu le sommeil et j'aurais pas paranoïé… J'étais convaincu que vous vouliez me congédier.

Et qu'est-ce qu'ils en ont pensé, eux ?

Ah oui ? Mais… pas de commentaires ? Pas de longueurs, pas de coupures ?

Attendez un peu. Tout le bout en alexandrins, comment ils ont fait pour traduire ça en anglais ?

Si c'est plus musical… C'est vous qui le savez.

Écoutez, c'est extraordinaire ! On fait quoi, là ? Est-ce qu'on se rencontre la semaine prochaine ? Est-ce que…

Oui, mais vous allez m'appeler ?

Oui, je suis à votre entière disposition… J'ai rien d'autre à faire à Paris.

D'accord. Je vais attendre votre appel, et on essaie de se voir.

Encore une fois, désolé de vous avoir téléphoné à la maison, je me sens vraiment idiot. J'aurais peut-être pas dû. J'ai paranoïé un petit peu.

Oui, on me le dit souvent.

Je vous remercie. Allez, au revoir.

Un temps.

Fanny ! Fanny !

Il se dirige vers la coulisse.

Fanny ! Fanny !

Il revient.

Fanny ! Fanny ! Fanny !

Il passe derrière le gros arbre et disparaît.
Musique.

La Dryade (4ᵉ partie)

Une femme vêtue d'une longue robe chatoyante apparaît, semblant sortir de l'arbre. Elle s'assoit, dos au public. Voix de Frédéric.

La dryade était au pied de l'arbre. Sa robe avait la délicatesse de la soie, verte comme les fraîches feuilles de l'arbre. Elle avait, dans ses cheveux couleur noisette, une fleur de marronnier; elle ressemblait à la déesse du printemps. Un court instant, elle resta immobile, puis elle atteignit le boulevard.

La dryade se lève. Les arbres disparaissent en coulisse. Des photos de rues de Paris en 1867 sont projetées sur le rideau. La dryade fait mine de se balader dans la ville. Ambiance sonore.

Un océan de lumière y déferlait, flammes des réverbères, boutiques, cafés. Y roulait un flot de voitures, de carrosses, y défilaient des cavaliers et des régiments. C'était l'artère principale de la ville mondiale. Ici résonnaient de douces mélodies italiennes, là, des castagnettes espagnoles, mais plus fort que tout, couvrant l'ensemble, l'orgue de Barbarie qui jouait des airs de cancan. La dryade dansait, flottait, volait… Elle était portée par le courant d'air comme le vent porte un pétale de rose. Sur la hauteur, devant elle, elle vit une flamme, une lueur scintillante au sommet d'une tour : la Fata Morgana du Champ-de-Mars.

Sur un accent musical, le rideau est levé sur l'écran où sont projetées des images du Champ-de-Mars et des pavillons de l'Exposition universelle. Toujours dos au public, la dryade monte dans l'écran et se promène dans les images qui se succèdent devant elle, comme si elle visitait l'exposition. Devant la dernière image, celle d'un aquarium géant, elle s'assoit. Le rideau s'abaisse. Noir.

Grand hall de l'Opéra

Projection d'une image du grand hall du Palais Garnier. Le rideau est levé. Arnaud est debout dans l'écran, dos au public. Il se retourne pendant que l'image pivote de 180 degrés. Arnaud monte l'escalier et se déplace en suivant le mouvement de la vidéo. Il semble nerveux. Son téléphone sonne.

Allo ? Vincent ?

Merci d'avoir rappelé si rapidement, mon vieux. Écoute, c'est possible de se voir, là ?

Oui, je sais que c'est Pâques, mais tu peux peut-être t'absenter une petite heure, non ?

Tu n'as qu'à dire à ta famille qu'il y a une urgence…

Écoute, Vincent, je ne peux pas parler, là.

Je ne peux pas parler, je te dis. Je suis en pleine rechute.

Si, je te le dis, j'ai rechuté.

Je ne sais plus… Vingt, trente fois… Je ne les compte plus. J'ai besoin de te voir.

J'ai fait ce que tu m'as dit, j'ai évité ce genre de quartier, je ne suis pas allé sur Internet depuis au moins six mois et puis, voilà, j'avais rendez-vous avec un type qui vit au-dessus d'un *peep-show* et c'est comme si je m'étais jeté dans la gueule du loup…

Oui, je sais, j'aurais dû t'appeler à ce moment-là, mais je n'y ai pas pensé. C'est qu'il se passe plein de trucs au boulot… Et il y a Brigitte qui a recommencé à voir Romain et elle menace de partir. À la limite, je m'en fous qu'elle se barre, mais c'est la petite, tu comprends… Et si elle apprend que j'ai rechuté, elle va s'en servir contre moi et je ne la verrai plus, la petite.

Ah non, tu ne la connais pas ! Elle en serait capable, je te le jure.

Écoute, tu peux me rappeler plus tard, peut-être ? Tu vois, le simple fait de te parler, ça me fait du bien.

Bon. Eh bien, Joyeuses Pâques !

Attends ! Vincent…

Tu as des consultations, mardi matin ?

Alors, on essaie de se voir mardi.

D'accord. Allez, je t'embrasse. Au revoir…

Il regarde sa montre, sort de l'écran et prend place sur un cube placé devant le dispositif.

Métro

*L'image du grand hall se fond dans celle de la station de métro Opéra.
On entend le signal de la fermeture des portes et le bruit d'une rame de métro
qui redémarre. Le cube est tiré vers la coulisse, y faisant disparaître Arnaud.
On entend le bruit d'une rame qui arrive. L'image de la station Opéra se
fond dans celle de la station Invalides, pendant que le cube, sur lequel se tient
Rachid, est ramené sur scène en sens inverse. Le cube s'immobilise au centre.
Rachid sort du wagon et se retrouve dans l'écran. La rame repart. Rachid
sort ses deux bombes de peinture et graffite le mur de la station : sous le mot
« INVALIDES », il inscrit « mais pas sans valeur », puis appose sa signature.
Il s'assoit un moment. Une autre rame arrive. Rachid se lève, prend place sur
le cube et disparaît en coulisse. Le rideau s'abaisse.*

Peep-show (4)

Les neuf cabines du peep-show. *La lumière rouge de la cabine numéro 6 est allumée. Bande sonore d'un film porno. La lumière s'éteint. Silence. La porte s'ouvre et Arnaud apparaît, tout ensommeillé. Il se lève et sort de la cabine.*

Excusez-moi… C'est la bonne heure, ça, quatre heures ?

Vous m'attendiez pour fermer ?

C'est ouvert toute la nuit, ici, non ?

Ah, c'est Pâques… Désolé, je me suis endormi.

Il referme la porte de la cabine. Il cherche son téléphone dans ses poches, en vain. Il jette un coup d'œil dans la cabine.

Je ne trouve plus mon portable… Vous pouvez m'appeler un taxi ?

C'est pour aller avenue Foch.

Non, il n'y a pas d'adresse, c'est pour le Bois de Boulogne. Vous pouvez lui demander de faire rapidement ? J'apprécierais.

Ça y est ? Merci.

Ça vous ennuie si j'attends à l'intérieur parce qu'on se les gèle à l'extérieur, non ?

Je ne sais pas ce qui passe à Paris cette année, mais il n'y a pas de printemps ! C'est la flotte, la flotte, toujours la flotte !

En tout cas, ce n'est pas l'Algérie !

J'ai dit, ce n'est pas l'Algérie.

Vous êtes Maghrébin, non ?

Tunisie, alors ?

Ah bon, le Maroc. Alors, ce n'est pas le Maroc !

Oui, je connais bien le Maroc. On y allait tous les Noël avec ma femme. On allait plutôt du côté d'Agadir, Marrakech, Fez… Ensuite, avec la petite, il fallait se taper les beaux-parents à Lausanne mais, moi, je préférais les chameaux de Marrakech.

Non, sûrement pas cette année…

Parce que tout ça, c'est terminé maintenant. C'est terminé parce que, figurez-vous que ce soir, ma femme s'est barrée avec ma petite fille et mon meilleur ami…

Si, elle s'est barrée.

Je ne sais pas, elle n'a pas dit.

Ah non, à cinquante ans, un homme ne refait pas sa vie comme ça. Et vous, vous avez une petite amie ?

Ah non ? Pourquoi ? Un beau garçon bien baraqué comme vous et vous n'avez pas de petite amie ?

Pourquoi ? Vous préférez les garçons ?

Non ?

Dommage.

Son d'un klaxon.

Ah, voilà le taxi ! Allez ! À bientôt, j'espère !

Il sort.
Rachid entre avec sa vadrouille et son seau. Il nettoie la cabine numéro 6.
Il y trouve la mallette laissée là par Arnaud. Il referme la porte de la cabine
et sort en emportant la mallette.

La Dryade (5ᵉ partie)
(Sous-titre : Jardin du Musée d'Orsay)

Le rideau est levé. Dans l'écran, la statue d'une femme nue couchée, de couleur blanche, faiblement éclairée en contre-jour. Frédéric entre en s'éclairant avec une lampe de poche.

Fanny ! Fanny !

Il aperçoit la statue et dirige sa lampe de poche vers elle. Il s'assoit, la caresse longuement et l'embrasse sur la bouche. Puis il se lève.

Fanny ! Fanny !

Il sort.

Voix de Frédéric.

La dryade se sentait fatiguée. Elle éprouvait le besoin de se reposer sur les coussins et les tapis orientaux, ou sous le saule incliné vers l'eau limpide. Elle ressentait l'angoisse de la femme qui s'est ouvert les veines dans son bain, mais qui, en perdant son sang, voudrait continuer de vivre.

Dans le ciel, les nuages rougeoyaient tandis que le premier rayon de soleil tombait sur la dryade. Sa silhouette brilla de couleurs changeantes, comme la bulle de savon qui éclate, et qui ne devient qu'une goutte, une larme qui tombe au sol et s'évanouit. Pauvre dryade, disparue.

Le rideau s'abaisse.

Promenade (3)
(Sous-titre : Bois de Boulogne)

Le plus gros des trois troncs apparaît. Andersen entre et se dirige vers l'arbre. Il pose son oreille sur le tronc. Il disparaît derrière l'arbre et Rachid apparaît de l'autre côté. Avec une bombe de peinture noire, il inscrit sur le tronc le A du signe « anarchiste » puis disparaît à son tour derrière l'arbre, et c'est Arnaud qui surgit, une laisse métallique accrochée au cou. Puis la laisse de Fanny apparaît; la chienne se dirige vers lui.

Qu'est-ce que tu veux, toi ?

Allez, barre-toi !

Barre-toi, je te dis !

Mais qu'est-ce qui se passe ? Viens ici.

Il est où, ton maître à toi ? Bouge pas.

Il se penche et regarde la médaille de la chienne.

Putain, c'est pas vrai ! C'est le chien de l'albinos…

Il détache la laisse de son cou et l'attache à celui de la chienne.

Viens, je te ramène chez toi.

Il se dirige vers la coulisse.

Viens, je te dis.

La chienne l'entraîne vers l'autre coulisse.

Où tu vas ? Déconne pas, c'est pas par là !

Ils sortent. L'arbre disparaît en coulisse.

Café de la Paix (2)

Projection de l'image du Palais Garnier. Table et chaise de bistro sur laquelle est assis Frédéric, Fanny à ses côtés. Un grand panier est posé sur la table.

Je me demande bien ce que Didier va faire avec tous ces petits chiens-là. Ils sont mignons comme tout.

Il jette un regard vers Fanny.

Mon Dieu, pauvre Fanny, t'es dans un état épouvantable ! Je pense que tu vas avoir besoin de passer un peu de temps chez le toiletteur. Mais avant, je vais l'emmener voir un vétérinaire pour m'assurer que tout est sous contrôle. Vous savez, j'ai jamais eu de chien, moi. Je pensais pas qu'on pouvait s'attacher autant à un animal. Quand elle est partie, ça a créé un tel vide… Tiens, ma belle.

Il dépose le panier de chiots à côté de la chienne.

En tout cas, merci de me l'avoir ramenée. Attendez un petit peu. Moi aussi, j'ai quelque chose à vous remettre.

Il pose la mallette d'Arnaud sur la table.

C'est Rachid, le préposé à l'entretien du *peep-show,* qui a trouvé ça dans une des cabines. Je me demande bien comment elle s'est retrouvée là ! Il savait qu'on se connaissait, alors il m'a demandé de vous la remettre. Si vous cherchiez votre portable, il est à l'intérieur. Je l'ai ouverte parce que je voulais vérifier si c'était bien votre valise. Et je suis assez content de l'avoir fait, parce que j'ai trouvé ceci...

Il brandit une grande enveloppe cachetée.

C'est mon texte. De toute évidence, vous l'avez jamais lu parce que l'enveloppe a jamais été décachetée. Plutôt que de me raconter des sornettes, l'autre jour, au téléphone, vous auriez pu me le dire que vous aviez décidé de me remplacer par un auteur de Broadway. J'aurais pas perdu mon temps à attendre...

Non, ça va. Vous êtes pas obligé de faire semblant. On peut se dire les vraies choses, je sais tout.

Je sais tout parce que j'ai également mis la main sur votre correspondance avec le Metropolitan Opera, le English National Opera, les Danois... Pourquoi vous avez décidé de faire ça ? Parce qu'on vous oblige à travailler en anglais, ou tout simplement parce que vous avez jamais cru en moi ?

Non, parce que si c'est le cas, il faut me le dire. Je vous en voudrai pas. De toute façon, tout ça, c'est ma faute, parce que c'est moi qui suis venu à Paris pour les mauvaises raisons.

Je suis venu ici pour me faire valider... Parce que c'est ça qu'on fait, nous, les Québécois. Quand on veut être pris au sérieux, on vient se faire valider en France. Parce qu'on s'imagine que Paris est encore le centre du monde mais, de toute évidence, il l'est plus. Il faut juste se faire à l'idée.

J'ai pas honte de ça. C'est pour cette raison-là qu'Andersen venait à Paris, lui aussi. Chez lui, on l'adorait, on trouvait qu'il avait du talent, mais on le prenait pas au sérieux parce qu'il écrivait pour les enfants. Alors, il se sentait obligé de venir se faire approuver par les grands esprits de l'époque : Balzac, Victor Hugo, George Sand... De toute façon, j'ai pas de leçons à donner à personne.

Il lui tend l'enveloppe.

Ça vous appartient maintenant. Faites-en bon usage. Et cette fois-ci, oubliez pas votre valise, moi, il faut que j'aille faire les miennes...

Il se lève et attache la laisse au cou de Fanny.

Attends un peu, Fanny. Merci pour tout, sincèrement.

Il tend la main à Arnaud.

Qu'est-ce qu'il y a, vous avez peur d'attraper la varicelle ?

Il sort avec Fanny en emportant le panier.

P. T. T. (2)

Les neuf cabines téléphoniques. Frédéric entre en courant et pénètre dans la cabine du centre. Il décroche le récepteur et compose un numéro.

Oui, bonjour, Marie ? C'est Frédéric. Est-ce que je te réveille ?

Mon Dieu, il est quelle heure à Montréal ?

Est-ce que tu préfères que je te rappelle plus tard ?

Non, il y a pas d'urgence. Je t'appelais simplement pour t'informer que je vais revenir à Montréal pas mal plus tôt que prévu, finalement.

Le projet sur lequel je travaillais se réalisera pas. En fait, il va se réaliser, mais sans moi.

Je sais pas, probablement en début de semaine prochaine, ça va dépendre des disponibilités sur les vols.

C'est seulement que… ça me met dans une drôle de position parce que je voudrais pas mettre le pauvre Didier à la porte plus tôt que prévu. Je me demandais si c'était possible que tu m'héberges quelque temps ?

Non, non… Le temps que Didier finisse sa cure de désintoxication. Et après ça, on verra.

Ben, on verra ce qui va se passer…

Ben… avec nous.

Marie, écoute-moi…

Laisse-moi parler un peu.

Écoute, si la seule chose qui peut nous ramener ensemble, c'est d'avoir un enfant, ben, allons-y, faisons-le, cet enfant-là, si c'est ça que tu veux. Une vasectomie, c'est pas irréversible… Je suis prêt à tout mettre en œuvre. Et si jamais ça marche pas, il y a d'autres méthodes. Pis si ça marche pas, on adoptera. Tout ce que je veux que tu saches, c'est que j'ai envie d'être avec toi. De toute façon, t'as raison : il faut qu'il y ait de l'espoir, il faut qu'on ait confiance dans les générations futures… C'est moi qui ai un problème avec ça, c'est à moi de le régler.

Ben non, il est pas trop tard, Marie. Voyons, pourquoi il serait trop tard ?

Mais pourquoi ?

T'as rencontré quelqu'un, c'est ça ?

Est-ce que je le connais ?

C'est Didier, c'est ça ?

J'imagine que j'ai pas besoin de me préoccuper de ses problèmes de logement si je reviens à Montréal plus tôt que prévu.

Est-ce qu'il est avec toi en ce moment ?

Je devrais peut-être vous laisser aller vous recoucher, alors…

Non, Marie, j'ai plus envie de parler.

Insiste pas, je saurais pas quoi dire.

Il raccroche et sort de la cabine, l'air bouleversé.
Un temps. Les cabines disparaissent en coulisse.

Épilogue

Frédéric s'avance, traverse le cadre de scène, puis tourne le dos au public. Gros plan en direct de son visage superposé à l'image de la salle du Palais Garnier.

Alors, j'ai marché toute la nuit dans Paris, le long des quais, la rue de Rivoli, le boulevard Sébastopol, les Halles, la rue Saint-Denis… jusqu'à ce que j'arrive dans la mansarde, au-dessus du *peep-show*. J'étais tellement épuisé, mentalement et physiquement, que je me suis effondré sur le lit. J'ai dormi pendant des heures et des heures. C'est l'odeur de la fumée qui m'a réveillé. Quand j'ai ouvert les yeux, il y avait un épais nuage qui avait déjà envahi la chambre. J'arrivais pas à comprendre ce qui se passait… Est-ce que c'étaient les *dealers* de drogue de Didier qui avaient décidé de mettre leurs menaces à exécution ? Ou est-ce que c'était un problème électrique dans les systèmes vidéo du *peep-show* qui, à force de diffuser de la porno vingt-quatre heures sur vingt-quatre, avaient fini par surchauffer ? Ou est-ce que c'était tout simplement Rachid, qui en avait eu assez d'essuyer les sécrétions corporelles des autres parce que la société avait rien d'autre à lui offrir pour gagner sa vie ?

J'ai été pris de panique. Je me suis rendu dans le corridor, mais les flammes avaient déjà gagné la cage d'escalier. Comme il y avait pas d'ascenseur, je suis retourné à la fenêtre, je l'ai ouverte : c'était beaucoup trop haut pour sauter, il m'aurait fallu une corde...

Des flammes commencent à envahir l'image.

Je suis resté planté là, comme un imbécile, à me demander comment tout ça allait finir... Si j'allais mourir cramé, ou en me rompant le cou sur le trottoir, six étages plus bas. C'est là que j'ai eu une pensée pour Fanny, bien en sécurité chez le vétérinaire avec ses petits, et je me suis dit, ironiquement, que tout ça allait se terminer cruellement, comme dans un conte d'Andersen, où les êtres humains qui ont de trop grands désirs et de trop grandes ambitions sont toujours punis et où seuls les animaux sont heureux et ont beaucoup d'enfants.

Même musique qu'au début. La salle de l'Opéra et le visage de Frédéric disparaissent doucement, tandis que les flammes brûlent de plus belle.

Fin.

ACHEVÉ D'IMPRIMER
SUR LES PRESSES DE MARQUIS IMPRIMEUR INC.
SUR PAPIER SILVA ENVIRO
100 % POSTCONSOMMATION